U0348564

赛道日

完全手册

[英] 迈克·布莱斯林（Mike Breslin） 著

郝国舜 译

机械工业出版社

CHINA MACHINE PRESS

不必进入赛车的世界，赛道日就能为驾驶者提供四个车轮之上最大的乐趣与刺激，既让驾驶者彻底探索爱车的潜力，还能提升驾驶者在道路上应对意外的能力。

　　《赛道日完全手册》的内容几乎覆盖了赛道日活动涉及的所有项目，包括赛道日是什么、赛道日用车、赛道日驾驶技术以及关于保险、修复、车辆装备等，为新手提供了必备的入门知识；如果你是赛道日老手，通过阅读本书，也能从中获得更加精彩的体验。

The Track Day Manual/By Haynes Publishing/ISBN: 9781844254828

Copyright © Mike Breslin 2008

This edition arranged with Haynes Publishing.

Simplified Chinese edition Copyright © 2018 China Machine Press

All rights reserved.

This title is published in China by China Machine Press with license from Haynes Publishing Ltd. This edition is authorized for sale in China only, excluding Hong Kong SAR, Macao SAR and Taiwan. Unauthorized export of this edition is a violation of the Copyright Act. Violation of this Law is subject to Civil and Criminal Penalties.

　　本书由Haynes Publishing 授权机械工业出版社在中国境内（不包括香港、澳门特别行政区及台湾地区）出版与发行。未经许可之出口，视为违反著作权法，将受法律之制裁。

　　北京市版权局著作权合同登记　图字：01-2018-2227号。

图书在版编目（CIP）数据

赛道日完全手册 /（英）迈克·布莱斯林（Mike Breslin）著；郝国舜译 .
—北京：机械工业出版社，2018.10
书名原文：The Track Day Manual
ISBN 978-7-111-61279-7

Ⅰ.①赛…　Ⅱ.①迈…②郝…　Ⅲ.①赛车 – 汽车运动 – 手册
Ⅳ.① G872.1-62

中国版本图书馆 CIP 数据核字（2018）第 247225 号

机械工业出版社（北京市百万庄大街 22 号　邮政编码 100037）
策划编辑：徐　霆　　　　　责任编辑：徐　霆
责任校对：王　欣　张晓蓉　封面设计：马精明
责任印制：常天培
北京市雅迪彩色印刷有限公司印刷
2019 年 1 月第 1 版第 1 次印刷
184mm×260mm · 9.75 印张 · 2 插页 · 351 千字
0 001—3 000 册
标准书号：ISBN 978-7-111-61279-7
定价：98.00 元

凡购本书，如有缺页、倒页、脱页，由本社发行部调换
电话服务　　　　　　　　　　网络服务
服务咨询热线：010-88361066　机 工 官 网：www.cmpbook.com
读者购书热线：010-68326294　机 工 官 博：weibo.com/cmp1952
　　　　　　　010-88379203　金 书 网：www.golden-book.com
封面无防伪标均为盗版　　　　教育服务网：www.cmpedu.com

"你在写一本书，是关于什么的？"

"赛道日。"

"哦，赛车啊。"

"不，不是赛车，是赛道日。"

"都一样，一帮有钱的家伙开着很贵的车，在赛道上飙来撞去……"

"哥们儿，你错了，你不需要很有钱，这里也不允许比赛，当然你也不一定要开一辆很贵的车。实际上，你可以在赛道日上开任何一辆车，哪怕就是你的私家车。"

"什么，我那老车？你别开玩笑啦，你说的是真的？"

像上面这样的对话，在生活中其实也经常出现，而不只是出现在年轻人聚集的酒吧里。这让我意识到，绝大多数人对赛道日仍然非常陌生。说实话，这让我很意外。但是，我在好多年坚持撰写这方面的内容之后发现，我越深入地投身于这个领域，我就会越忽视很多人根本不知道赛道日是什么。更关键的一点是，我甚至可能会忘记，这些人根本就没有意识到自己错过了多么精彩的内容。

大多数渴望驾驶的车主悲观地认为，在如今的年代，在自己的车上，已经不可能找到任何驾驶乐趣了。开车已经变成了让人心烦的过程，已经变成了压力和累赘。但感谢赛道日，它给了生活以转机，赛道日就是一个释放自己的出口。它提供给你脱离限速摄像头的自由，远离交通拥堵的快感，远离那些开得慢却不满自己被超车的心胸狭窄的人的漫骂。好吧，你眼前肯定也闪现过类似的图景，血管里流动着汽油的家伙们可以自己用失望把这一整本书填满，但记住，一个赛道日就能把你从这些火坑中拯救出来。

几乎没人怀疑赛道日是个快速增长的休闲方式。但请注意，它是一种"休闲"而不是"运动"，在本书最开始我们就会解释其原因。

↓ 赛道给你空间，给你自由，让你发掘你的车辆到底能够做到些什么

为了有助于理解，我们不妨打个比方，你可以把它比作是去滑雪度假而不是高山速降的比赛，这能助你对它有正确的了解。从一开始就要记住，赛道日绝对不是比赛。

但，一个赛道日的确给了你机会，你可以驾驶你的车逼近它的极限。而且，把车辆控制在赛道之内是一种难以置信的感受。在高速过弯中，你必须感受处在抓地极限边缘的车辆的平衡，除了赛道日，你几乎无从体验类似的感受。当你完美地通过一个弯时，极限驾驶刺激你的肾上腺素迅速分泌，也会带给你巨大的满足感。当然最关键的是，在赛道上驾驶得越多，你就会变成更好的驾驶者。如果你在道路上还不那么游刃有余，你该知道去赛道能带给你非常快速的提升。

现如今，赛道可能是探索你的车辆极限的唯一场所。很有可能，你拥有一辆技术先进的性能车，可你只使用了它所有潜能中浅浅表层的那么一点点。它不该只是用于在堵车的空隙之间来个毫无意义的暴力加速，不是吗？

你可能也在想，上面说的没错，但如果自己的车不够快怎么办？不用担心，你不需要为赛道日准备一辆超跑。任何车都可以胜任赛道日，只要它不散架就行。你也不需要对它做任何形式的改装，有辆偏运动性的车更好，但这不是必需的，特别是当你还处于赛道驾驶学习的初级阶段。

无论如何，提到纯粹的驾驶乐趣，廉价和快乐通常才是最佳途径。作为一名汽车媒体记者，我很幸运能开着一些高速赛车下到场地，但我可以坦白地说，很少的车能够像我那辆几乎没做任何改装、目前只值 2000 英镑的马自达 MX-5 那样，能在赛道日给我提供如此丰富的驾驶乐趣。

然而这里带给你的绝不只是乐趣，还有惊险和刺激。赛道驾驶，是这个年代所剩不多的真正冒险。虽然它也会产生巨大的噪声，但它仍然是非常安全的。注意，我没有说它是绝对安全的，那样说是自欺欺人。如果这里没有一些冒险的元素，追求极限的驾驶可能也就失去了吸引力，不是吗？只要你在能力范围之内驾驶，随着你经验的积累逐步提升你的圈速，这样就是安全的。

有件事是肯定的，在赛道上开快车绝对比在公路上开快车要安全，如果出现失误，通常会有碎石区或缓冲区让你能在撞到什么坚实的建筑之前停下来。赛道日比赛车应该安全些，主要是因为它会针对弯中区域和弯前减速区域有禁止超车的严格规则，这些区域是事故的多发区。

如果你担心在赛道日会开得不够快，那么请忘掉它。你可以按照自己理想的速度，开得尽可能快，或者尽可能慢。任何一种方式都可以快速提升你的圈速。只要你的视线关注后视镜并让快车在直道上快速超过，就没任何问题了。

很多活跃于赛车世界的人，不太理解为什么人们去参加赛道日而不去参加真正的比赛。好吧，除了显而易见的理由（那就是赛车非常昂贵）之外，赛道日还可以通过各种方式提供给你更多内容。当然首先就是它能提供更多的赛道时间。纵使你足够幸运，在一个比赛日里，你也就能获得半小时的排位赛时间和10圈左右的比赛时间，但在赛道日上几乎可以获得一整天的赛道时间。

为什么很多富有成就的赛车手，也很乐于参加赛道日而不总是去参加比赛，理由就是赛道日是比正式比赛更加放松的场合，你可以按照你自己的速度驾驶，比如在一个你不是很擅长的弯，你尽可以稍微放慢些速度。你可以充分利用赛道上那些宝贵的时间，享受冒险本身的乐趣，而不是心里埋怨自己距离前面的家伙又丧失了十分之一秒的时间。最重要的是，赛道日基本是个

↓ 从提升你的驾驶技术开始，你会发现自己在速度提升方面的巨大潜力

没有争吵的地方，你只需要来到赛道、登记，之后就享受驾驶。

请别误会我，我也热爱赛车，也曾投身赛车一些年头。但赛道日是不同的，据我的经验，赛车圈里那些批评赛道日的，基本都是没有真正参与过赛道日的。所以，既然还有很多人都不知道自己错过了什么，那么就来亲身体验一下吧。

赛道日拥有巨大的魅力，就是这么简单。你所需要的就是一本驾照、一个头盔、一辆车，有这些就够了，无比简单。但任何事情也都没有这么简单，如果你想从赛道日获取最佳的体验，仍有很多事情需要了解。

基于这个出发点，我尽我所能解释了赛道日世界里尽可能多的内容，覆盖了一个赛道日新人进入赛道前需要准备的所有事情，还包括了对定期参加赛道日的老手有帮助的一些主题。

希望你在阅读这本书时，能了解在赛道上高速驾驶时需要做出的一些权衡，就像我在决定本书该写哪些内容一样。你看，赛道日的驾驶者千差万别，在一天中你可能遇到任何类型的驾驶者。有些人最喜欢改装自己的车然后来赛道看看他们是不是真的提高了赛道成绩，有些人只对驾驶本身感兴趣，还有些人不但关注活动本身，还希望从中认识些人、发展些关系。很明显，你不能同时取悦所有人。

比如，很多人会质疑，为什么把对车辆准备和改装的内容放在驾驶技术的后面，他们认为应该更强调这部分内容。我有两个重要的理由。首先，虽然你可能希望通过改装让你的车更适合于赛道驾驶，但这不是必要的，很多人也真的不去这么做。另外，也是更重要的，通过提升驾驶技巧你能得到很多收获，比从改装你的车开始获要大得多。事实确实如此。

这本书也不是驾驶手册，在大多数地方我可能只会讲述一些基础内容，而且，我会更多去讲"应该怎样"而不是"为什么这样"。如果它不能满足你的好奇心，那只能请你原谅。我也尽力去避免使用充斥于赛车驾驶手册中的数学公式。如果需要更深入了解这些内容，你可以去阅读一些相关的书籍。

所以，你现在需要做的就是阅读这本《赛道日完全手册》，之后预订属于你的第一个赛道日，并且亲自到赛道去感受。咱们赛道见！

迈克·布莱斯林

目录

赛道日是什么

赛道日是什么

参加赛道日，你不需要超贵的跑车，不需要赛手的技巧，也不需要成捆的金钱。但你的确需要有正确的态度——首先要知道赛道日是什么。

我曾被警告过，永远不要用字典定义的方式去作为作品的开头。这的确是个好的建议，而且看起来在创作关于赛道日的内容时更是如此，因为我从字典里查出的定义竟然是错的！但公平地说，这也不足为奇，因为人们对赛道日是什么，以及什么样的人会去参加赛道日确实存在很多困惑。

其中一些责任必须由媒体来承担，特别是那些电视媒体，它们总认为赛道日就该是个炫耀超级跑车的理想场合。这就会让很多人认为，自己得有一辆这样的车才能去参加赛道日，可事实根本不是这样。

事情的真相是，你能找到适合每个人、每辆车的赛道日。你驾驶一辆性能好一些的车有可能从赛道日得到更多的收获，可也没什么能阻止你驾驶一辆普通家用三厢轿车或者旅行车去参加赛道日。

就是这么简单。在大多数情况下，你所需要

的就是一本驾照、一个头盔、一辆车——这些就足够了。唯一一个你可能需要留意的就是年龄的限制，有些赛道日的确对年龄有限制，可能需要你年满 18 岁，也有个别地方可能需要年满 21 岁。赛道日也不需要你花费天价。如果你多多地货比三家，你甚至可以找到低于 100 英镑的报价，相对于你可以得到一整天的真正刺激，这的确物超所值。

虽然这是相对便宜地获得刺激的完美方式，但从最开始你就要明确有关赛道日的一件重要事情，我坚持把它用更大的黑体字体现出来，因为这是非常、非常、非常重要的：

赛道日不是比赛！

是的，我们之前就提到过这件事，但我保证这决不是我最后一次说这件事。赛道日是严格禁止竞赛的，可你要知道比赛的确很容易在赛道日期间发生。这会关系到组织者为个人投保的责任保险，这就是为什么在发现有人在赛道日比赛时会立刻被严厉处理，或者先记录他们的圈速，事后再进一步处理。

首先，我们还是弄明白赛道日到底是什么吧。正确的字典式定义是这样描述的：

赛道日（名词），在赛道上严格管理的非竞赛活动，允许参与者驾驶他们自己的汽车以他们乐意的最快速度驾驶。

赛道日起源

很多年前就有私人性质的汽车俱乐部去包租赛道，也有厂家组织的赛道日，为特定品牌的车主提供赛道日活动，这起始于 20 世纪 80 年代。一开始，活动组织者通常是俱乐部，使用的车也相对比较"高端"。在 20 世纪 90 年代，一些企业为了迎合更广阔的市场加入进来，参与者不只是限制在某个俱乐部之内的成员，这就催生了这项运动的参与人数爆炸式增长。

这个市场的增长也来自于更多赛道的对外开放。它们的拥有者开始意识到，在测试和比赛的间隙时间把赛道开放为赛道日售卖出去，对业务收入是一项很重要的补充。结果，赛道远比以往繁忙，更多的人能够享受高速驾驶自己的汽车带来的挑战和乐趣。的确，到 20 世纪

90 年代末，赛道日驾驶已经成了英国增长最快的休闲项目之一。

当然，不只是英国如此。但公平地说，英国人的确享受着最有活力、最丰富多彩的赛道日。可能这也是由英国有着最拥堵的交通状况、最严厉的警察管理而造成。赛道日在欧洲其他国家和全世界都在举办，但可能不都称为赛道日，比如，美国用的术语叫"跑圈儿（lapping）"。只要有车，只要有人希望开着它们在不引起麻烦的安全环境下狂飙，就有赛道日。

选择你的赛道日

在网上搜"赛道日"，你可以搜到一大堆地点，让你可以驾驭一辆法拉利、或是单座赛车，甚至是酋长坦克。实际上，这些大部分都是体验日而不是赛道日（体验酋长坦克倒也是个不错的主意），不是本书所讨论的主题。体验日通常会有严格的限定条件（比如速度），缺乏赛道日提供的那种自由度。想想也是，你会允许自己在一辆法拉利里完全没有限制地自由狂飙吗？但如果这是一份生日礼物，你还是可以去到那个赛道，至少可以获得一点点教练的指导。

假设你自己有车，你也不满足于只是吹牛说"你知不知道我自己也开过法拉利呀"，那么你还是该适当深入一点。有些杂志会提供赛道的信息，你也可以打电话咨询当地的赛道，看看最近有谁会组织一场赛道日活动。

← 参加赛道日你不需要一辆法拉利，但如果你的确有一辆法拉利，除非你把它带到赛道上，否则你永远也不会发掘出它最大的潜能

↓ 虽然看台上空空荡荡，但赛道老板依然可以从周中开放的赛道日里挣到些钱

↑ 问清楚在某一时刻最多允许几辆车同时出现在赛道上，是个重要的事情，这会决定你实际获得的赛道时间

如果你在英国，你可以访问赛道日联盟（ATDO）的网站，那里会有联盟旗下公司的完整列表。选择一个 ATDO 旗下的组织方非常重要，不只是你的第一个赛道日应该如此，因为要被 ATDO 接纳的组织方必须遵守一系列操作规程，如果他们没有遵守这些规程就会被除名，所以这是对质量的有效保证。

当然，不是所有好的赛道日组织方都隶属于 ATDO。比如，一些赛道自己的公司经常就不属于 ATDO，因为它们不需要。通常来说，赛道会要求一个组织方属于 ATDO，才会允许它们在自己的赛道上组织赛道日，这就是为何组织方要加入到 ATDO 的最简单理由。很明显，如果赛道自己的公司要在自己的赛道上组织赛道日，它们就完全不需要担心这个问题。

虽然 ATDO 旗下成员会是开始查找组织方时的不错选择，但非成员组织方也不一定没有办好赛道日的能力。记住这一点，在你真正决定去赛道日之前列举出一些关键的问题，以便能够预估一个赛道日运营的好坏。

要问清的问题包括，总共允许多少辆车参加赛道日，以及允许多少辆车同时进入赛道，因为这会影响到你使用赛道的时间。赛道上允许同时跑圈的汽车数量，会根据赛道的不同而不同。这通常是根据汽车运动管理单位的基准设定的，但有时会更严格，因为可能会有噪声的问题。

很明显，如果有 100 辆车注册参加赛道日，但只有 15 辆车能同时进入赛道，那你就没有多少真正活动的时间。顺便说一句，你还应该确认一下，赛道日是自由开放的形式（open pit lane）还是分组的形式（session），这也会影响你进入赛道的实际时间。

其他值得事先了解的，还包括是否提供指导。如果你是赛道日新手，你就应该购买指导服务，你还应该了解清楚需要花费多少钱。同时，问清指导者是否有 ARDS（赛车驾驶学校联盟）的

→ 在预订自己的赛道日前，你可以去赛道日感受一下，对它有个大致的了解。在旁边观看也是很有意思的，在维修区会有很多的车手，他们会很乐意给你建议

认可。如果是，你基本就可以确保他们的水准。

　　如果你希望有个赛道日的纪念，你可以咨询是否有专门为赛道日拍照的摄影师。这通常都会有，有时候他们还会把当天拍摄的照片显示在维修区屏幕上以激发你的购买欲望。感谢数码摄影技术给我们带来的便利吧。

　　当然，提出这些问题是必要的，也可以得到相应的建议，但最终的决定将取决于你钱包的厚度。在你选择能找到的最便宜的赛道日时，多少还是要谨慎一些，因为就像很多其他事情一样，最便宜通常并不意味着最好。你还是应该选择更物有所值的赛道日活动。

　　如果可能，你最好能亲自去赛道日观摩一下，实际到底是什么样的状态，之后再注册参与会更稳妥。参观通常是免费的，而且参观本身通常也非常有意思，但最好还是提前向组织方注册，因为有些在军用机场举办的赛道日会有严格的限制。亲身去体验一下，你不但能够实际判断赛道日的组织是否有序，还能和赛道日的选手们聊天，征求一些关于车辆准备等问题的建议，以及他们对赛道日组织方和赛道日本身的看法。

　　顺带说一下，如果你希望获得更低的赛道日价格，你可以考虑约几个人一起进行团购。如果你承诺组织方会有五到六辆车参与，一般来说你很可能拿到一个折扣价。另外，冬季的赛道日

↑ 在机场举办的赛道日，你可能会发现更接地气的车，比如这辆蒙迪欧跟在一辆欧宝雅特的后面

可能会便宜得多，所以耐心寻找一下，你可能会找到让你自己吃惊的低价格。

选择一个地点

　　关于赛道日的体验不可回避的事实就是，人们都希望能够在像英国银石或者比利时斯帕这样的赛道上兜圈，而不愿选择没有人听说过的小赛道。谁不愿意踩着伟大赛车手留在赛道上的足迹前进呢？而且，下面在酒吧里的对话中哪一个更让人印象深刻呢："我在斯帕赛道上跑过几圈"，还是"我在我们县的无名赛道上参加过赛道日"？

← 因为金钱的现实原因，在选择赛道日时，驾驶者会选择与自己匹配的等级，通常你会发现，越贵的车会出现在越贵的赛道日上。这是一辆保时捷 GT3 在带领两辆 Radical 前进

↑ 1993年，埃尔顿·塞纳在多宁顿公园创造了F1的历史（雨天，他从第五位发车，但一圈之内他就超越了包括舒马赫、希尔、普罗斯特等车手，并取得了接近4秒的优势，这一圈被称为F1历史上最伟大的一圈）。现在普通人可以开着自己的车体验着赛道日的乐趣，当你回想当年发生在这里的场景，就有点像你和同伴在温布利球场上踢球一样

不论你在多么著名的赛道上跑过圈，实际上也算不得是什么荣誉。但更大的场地的问题在于，那里举办的赛道日通常要贵得多，这不只取决于供需之间的经济原理，更多是因为相比不那么为人所知的赛道，组织方租用著名赛道的成本要高得多。

顶级赛道的确有很多显著的优势，比如更好的便利性设施，像咖啡馆、酒店、加油站，也有着更好的安全性。当你忘记你自己的标致205真的没有迈凯伦MP4-23提供的下压力大或制动性能好时，巨大的缓冲区和很软的碎石区域能帮你在冲出赛道时快速停下来。

的确，有的赛道日轻易就会让你的花费超过300英镑，在夏天那些著名的赛道的花费会更多，但我们也很容易明白为什么不少人会忽略这些。从某种意义上，这就是赛道日行业的普遍规则。这里有不同水准的价位，每个人都倾向于根据自身实际的经济状况，选择适合他们自己价位的地点。

实际上，这并不是什么问题，市面上有大量的赛道，在提供驾驶乐趣方面，你也不用怀疑，在小赛道上也能体验到和在一个F1标准的赛道上一样多的乐趣，甚至比那还多。

关于选择赛道地点，我给出的一个建议是，在你参加赛道日活动时尽可能选择不同的赛道。这会无限提升你的经验值，并且帮你成长为更好的驾驶者。

开放式还是分组式

赛道日一般会按照开放式或分组式两种规则中的一种运作。基本上，这些都是指允许你在什么时间可以进入赛道。开放式意味着，你可以在任意时刻进入赛道，只要赛道是开放的、允许跑圈的。就是说，这完全取决于多少辆车被允许同时在赛道上行驶，所以，你要在维修通道排队直到进入赛道。在一个运作有序的赛道日，通常你不需要排很长的队。

当赛道日以分组形式运行时，就是说，你只能在特定的时间段才能进入赛道，分配给你的时

→ 虽然一些小赛道并不那么出名，但可能会更加刺激

间通常是 20 分钟或者半小时。你可能一整天就只有这么多赛道时间。组别通常会根据驾驶者的经验和技术水平来分，初级、中级、高级是常用的分组方式；或者按照车辆的性能来分组，但这不多见。有时，组织者决定你属于哪个组，有时，你需要自己诚实地评估自己的能力（否则难受的是你自己）。

组织方通常会让驾驶者佩戴不同颜色的手环，来标识他们属于什么组别。很多组织者也允许驾驶者在赛道日中更换自己的组别。比如一个新来这个赛道的驾驶者意识到，这个赛道远比看起来更难，他还够不上高级的程度，就可能要求更换到低组。也可能，有些人注册了初级组，但发现他们被同组的驾驶者阻挡严重，更换到中级组可能更合理。

每个规则都有自己的支持者，也有反对者。但每个规则都很好，你可以去尝试不同的规则之后再决定你更适合哪个规则。开放式提供了更多自由度，也可能有更多的赛道时间，但在赛道上就会出现速度和技巧的巨大差别。分组式的赛道日，理论上在赛道上超车的问题就会少很多，但你需要做好更多的准备，确保赛道对你的分组开放时你已经整装待发。

乘客

赛道日中有件事是你在赛车比赛中永远无法获得的，那就是让别人坐在你的副驾驶位置上，与你一起分享驾驭的体验。

注意，赛道日上基本也只允许乘客坐在前排，后排一般不允许搭载乘客。

有时候乘客可以免费乘坐，虽然他们也得上好保险并佩戴上手环，但通常这还是需要花费一点点的费用，这根据不同运营方的要求而不同。乘客一般要求年满 16 岁，在 18 岁以下可能需要父母的许可。乘客通常也需要佩戴头盔，如果自己没有可以付费从组织方那里租用。

↑ 分组式赛道日，车辆被分成了不同的组别

← 在分组式赛道日，你需要合理安排计划，确保该你进入赛道时你能按要求在维修区排队等候

这样做有一个坏处，就是人终归是人，可能会兴致大发要炫耀自己不一定娴熟的驾驶技巧，甚至是危险的驾驶动作。切记要把控自己，并牢记一旦你把别人带上了赛道，你就承担了很大一份责任。

虽然不常见，但的确有的赛道日是禁止乘客体验的。如果你想带上某个人去赛道上试乘，而你之前没有和这个运营方打过交道，最好提前确认。

受关注的问题

如今，告诉别人你喜欢开快车，可不是赢得朋友和在朋友中获得影响力的好方法。毕竟，如今人们频繁地被告诫甚至要选择骑车上班以保护我们的环境，你怎么可能通过在赛道日上整天的疯狂来让人们崇拜你呢？

此外，赛车运动也正走在通往绿色和环保的道路上。在不远的未来，我们在赛车比赛中看到的变化，比如生物乙醇燃料，也会进入到赛道日

→ 大部分赛道日都允许你带上一位乘客，但他们也需要上好保险并戴好头盔，之后就抓紧把手吧

的活动中来。谁知道呢，可能过不了几年，我们可能都会开着混合动力的车在赛道上跑圈。

但赛道日的碳排放还是微乎其微的，而且它给社会带来的实际好处，也足以弥补这些缺点。你看，赛道日给那些豪车车主能真正驾驭它们的机会，发挥出它们潜在的性能，因此（我们也希望如此）他们就不会再去公共道路上危险驾驶了。

赛道日还是一个安全的环境，让人们可以学会如何控制动力强劲但又没强劲到过分的车辆，这都有助于减少道路上发生车祸的几率。千言万语一句话，年轻的驾驶者真的应该在拿到驾照后，尽快去赛道日接受新一轮的学习和培训。

噪声问题

你可能不会同情那些把家搬到一个有着 60 年悠久历史的赛车场附近，却抱怨它们噪声太大的人，可这种情况远比你想象的要频繁。但你也不得不同意，在如今反对汽车的大气候下，这些人的话语越来越受到重视。这就是为什么赛道日里的噪声会成为一个问题。

在更大的国际性赛道上，你可能会经历震耳欲聋的一天，但在大多数赛道日里这是被严格限制的。通常，会在停车区测试车辆的噪声，在车辆进入赛道前还会再做一轮测试。你要确保车辆噪声处于限值之内，否则你可能无法进入赛道。

大部分合法的公路车（即便是那些高性能车型）都很容易通过测试，但如果你的车改装过排气或消声器，大幅度提升了分贝值，你就有可能遇到问题。

噪声限值大概是 98 分贝，绝大多数车都很容易达到，还有些赛道的限值会提高到 105 分贝。活动前再检查可能就来不及了，但找一个具有必要设备的修理厂就能帮你解决这个问题。当然，很多赛道日的组织者，甚至很多赛车场，在赛道日或测试日期间都乐意免费帮你检测噪声值，即便你不准备下到场地里。

另外一个正在抬头的难以解决的噪声问题，就是轮胎的尖叫声，这的确是很麻烦的事。如果在某些赛道上你被要求减速驾驶，那可能就是因为轮胎尖叫的问题，而不是你操控汽车方面出了什么问题。

↑ 赛道日为热衷驾驶的人提供了一个安全的环境，可以把自己的车辆推向极限

计时

不管你如何苦口婆心地告诫人们说，你绝对不能在赛道日上计时，但仍然有些人听不进去。甚至更糟糕的是，还有些人把他们赛道日的计时结果贴到互联网的论坛里去。这可能看起来不会造成什么危害，但如果你碰巧那天出了事故要求保险索赔，并且有保险公司的人看到了你在论坛里贴出的计时，那你的保险肯定就没戏了。一整天的保险都会失效，这还包括组织方上的公共保险。

这是个严重的问题，因此对这方面的管控越来越严格。毕竟，有些车原本内部就安装了计时设备。更重要的还是态度问题。赛道日不是比赛，不是做圈速的地方，也不是做测试的地方，这里是寻找非竞争式乐趣的地方。要记住这一点，并把你的计时器，以及你的竞争意识，都忘在脑后。

↓ 一辆本田思域 TypeR 正在接受噪声测试。在有噪声限制的赛道日，如果你的车噪声超标，就会被限制参加

2

五花八门的
赛道日

五花八门的赛道日

　　有各种各样的方式，能让你开着自己的车体会赛道的惊险和刺激。有些人选择在宽阔的机场，磨练他们的技术，有些人就喜欢在漂移日上横着前行，当然，说到真正的冒险刺激，那永远离不开经典的纽博格林。

机场日

　　如果你是赛道日的新手，你可能该考虑先参加一个在机场宽阔的场地上举办的机场日，然后再去真正的赛道上跑圈。我这样说有不少理由，但最主要的还是可供玩耍的空间更大。在机场的场地上，你几乎没有机会能撞到什么东西，有充分的空间允许你犯错，并从中接受教训，提高自己。

　　即便如此，也不是说机场日都是为新手准备的。越来越多的人成为定期参加机场日的爱好者，他们最喜欢享受在机场宽阔的场地上那种轻松的感觉，而不用总是担心会撞到障碍物、轮胎墙，或者其他什么建筑物。确实，哪怕职业赛车手对此也并不陌生，他们也会在机场上花费一整天的时间来磨练自己的技术，甚至有些 F1 车手会定期在某些机场驾驶普通的"买菜车"进行训练，信不信由你。

　　但即便这里有非常宽阔的空间，你也不能在机场日让自己太过疯狂，就像在其他大部分的赛道日那样，仍需有序的组织并遵守同样的规则。因为，虽然这里空间很大，但依然有可能会撞到别的车，如果你犯了更严重的错误也不是没有可能把车弄翻。

当然，机场日总体上还是要比普通的赛道日更放松些，至少从我个人经验来看是这样。它有着开放的维修区和更大的赛道空间，通常排队的时候也会少些，为了把冲出赛道的车拖走而造成的暂停也会更少。即便这样，机场日也会时不时因为摆放的桩桶被撞乱而暂停，因为正是那些桩桶才摆出了赛道线路。

桩桶，或者叫锥桶，通常是你在高速上见到的用来临时隔开车道的桩桶的迷你版，在机场日它们虽然丑陋却必须存在。它们标记出行车路线，但某个"桩桶杀手"撞上它们后很容易改变它们的位置，对此你也只能泰然处之。根据个人经验，这些奇怪的桩桶也很享受它们在机场日的状态，它们自己也不断地被迫调整着自己的位置，桩桶位置的不断变化对你的技术也是极大的提升。你也要小心尽量不要撞到它们，尤其是那种稍大的桩桶，因为角度巧合时它们也会给你的车留下刮痕或坑洼。

通过桩桶设置赛道路线，最大的好处就是极具灵活性，组织方可以很方便地设置不同的乐趣级别，不过缺少高低起伏让你很难体验到真正赛道上的那种刺激。有些组织方会特地为不同的机场日设置出不同的线路，但有些组织方总使用同一个线路，这倒也能让你对一个线路有更深刻的感受。在比较宽敞的车道里，有些组织方甚至还为快车提供了超车道，用一连串紧密排列的桩桶把线路隔离开来（也的确很好用）。也有些组织方，甚至会在同一天的机场日设置两个赛道，一个是弯急车慢的慢速道，一个是弯缓车快的快速道，简直就是"无限可能"。

有趣的是，当你喜欢上机场日的时候，你也不会沉迷其中，尤其在英国，当 Brookland 和 Donington 机场（在战前都是很棒的赛道）不能用了之后，比赛不得不从头开始。战争中遗留下来的那些宽阔、封闭的轰炸机和战斗机跑道都很理想，因此，英国很多主题赛道都是依托机场打造的。而且在 F1 世界大奖赛的最初，第一届比赛就是 Fangio 和 Ascari 他们驾驶着巨大的前置发动机的法拉利、阿尔法·罗密欧，在银石机场用铁围栏摆出的赛道内缠斗。

但是，机场日也有自己的缺点。比如，噪声问题，在偶尔会有轰炸机隆隆作响或者喷气式战机低空通场时，噪声经常会比你预想的严重。但机场日使用的很多都是不仍在服役的机场，所以你也不用担心在过 S 弯时前面突然出现一架 F16 战机。更多情况下，这些机场现在都是作为军事基地，附近就居住着家属。所以，组织方也会严格限制噪声水平，通常的限制是在 98 分贝以下。

除了上面我们提到的桩桶外，还有其他一些缺点。一些机场（尽管不都是这样）可能会有些颠簸，因为路面年久失修而比较破旧，而且机场的路面更加粗糙，轮胎磨损会更快。当然，那里的设施也不会达到专业的赛道那样的标准，一般来说也就只有售卖汉堡包的外卖车和临时厕所。如果你想加油，通常要离开机场去外面寻找加油站。

最坏的情况是在冬天，处在风口中的机场会非常冷。下雨的时候又会非常潮湿，所以要确保你装备了足够的防水衣物，也要切记在你下到赛道之前，把你带过去的装备和工具做好防水遮盖。如果只是你自己和车，一个篷布之类的东西就很管用。

从一个更积极的角度看，机场日还是稍微便

↑ 在机场日，赛道通常是用桩桶摆出来的

← 在机场的场地里，通常空间都非常宽阔

↑ 便利设施基本上不会像永久性的赛道那么好，但 Elvington 的熏肉三明治绝对是顶级好吃的

宜一些的，如果你为你的车上一天的保险，保费也会相对便宜一些。所以，虽然 Hullavington、Elvington、Colerne 听起来没有银石（Silverstone）或者斯帕（Spa）赛道听起来那么光芒万丈，但它们却可能是让你初次尝试赛道日驾驶的理想场所。

新手日

另一个好的起点，是注册参加一个新手日。正如名字所表示，它是专为新手准备的赛道日。这是非常好的形式，尤其避免了有些人会因为在赛道日上被更快速的家伙们闪着大灯超过而失去对赛道日的热情。

在新手日，所有的人都处于同一个水平线，

也会有更多的指导者供选择，为参加活动的新手提供必要的帮助。

赛道夜

另一种形式是赛道夜，会在夏季的几个月，在几个主要的赛道上举办。你获得的赛道时间肯定没有全天的赛道日多，但对于繁忙的人来说这是个很好的方案。他们可能很难安排周中的工作日时间来参加赛道日，可问题是绝大多数赛道日都是在周中举办（赛道在周末很可能会安排有其他商业活动）。

既然我们提到了赛道日什么时候举办，就要提到赛道日的季节性。虽然过去几年，这种关联性变得没那么强烈了，因为赛道日的组织方开始利用不那么寒冷的冬季，使得赛道日在整个全年都能举办。的确，在全年的几乎任何季节，你都能毫不费力地找到一个赛道日并参与进去——至少在英国是如此。即便如此，大多数赛道日仍然是在传统的赛车季节举办，通常是从 3 月到 11 月之间。

限制日

对一部分人来说，赛道日的意义就在于它是喜欢特定车型的车迷的聚会，这要超过他们对快速驾驶的渴望。俱乐部日是赛道日的重头戏，很多人喜欢和有着类似爱好和品味、开着同样车的

→ 在机场里没有维修区车库，你只能暴露在露天的环境里。在这样的天气里，这辆超炫的机械增压版 MX-5 的车主应该庆幸他把硬顶安装好了

人一起下到赛道。基于以上原因，这样的赛道日更具社交属性，他们也经常在互联网上通过论坛或其他形式紧密交流和联系。

这种赛道日的一个优点就是，因为车的不同而造成的速度差别不那么明显，但也不是说完全没有。毕竟如果是一个保时捷日，你可能会遇到从 924 到 GT2 的各种类型的车。

在美国，赛道日大部分还会限制在单一汽车品牌，但这已经在开始改变了。

我们把范围再放宽一些，也有些赛道日只对日系车开放，或者只对德系车开放。现在也有些赛道日，计划只针对经典的老爷车开放。

但即便是限制在某单一品牌的赛道日，它们有时也允许一些奇怪的异类出现。如果你强烈渴望在一个特定的时间在一个特定的赛道上出现，但这天恰好又限制为某个特定类型的车，你也不妨和组织方联系一下确认是否可以参加。他们有可能还有最后一个参加名额仍空缺，这时候他们通常会允许任何车来补充这个名额，毕竟这有助于收益的提高，但你还是要通过噪声测试才行。

海外的赛道日

参加海外的赛道日是非常有挑战性的。虽然在海外与组织方交涉会相对困难，但感谢互联网

让这个过程越来越简便。你会惊讶有很多国内赛道日的组织方也会组织远涉重洋的赛道日旅行。有些会去到全球最著名的赛道，比如斯帕或者纽博格林。这可能会花费很多的金钱，但也有些稍小的赛道让你收获更高的性价比。Folembray 和 Croix-en-Tenois，都非常接近法国的 Calais，是非常热门的地点。

旅行到海外参加赛道日的一个明显问题就是，当你在赛道上犯错之后，如何把撞坏的车运回家。正因如此，很多人选择把车拖到赛道。长距离拖车的确也会增加一些风险，但如果你们是团队的形式，一个比较灵活的方法就是，只需要团队中的一个人开一辆拖车过去，有撞坏的或者出故障的车就可以得到救援。

↑ 赛道夜在夏季的月份是很流行的

↓ 这是在 Oulton Park 的保时捷车队。你会发现有些赛道日是限制单一品牌，甚至单一车型的

→ 法国 Folembray 的 Le Pits 赛道，没有什么能比把旅行和赛道日组合起来更好玩的了

↓ RPM 的赛车巡回赛非常有趣，我们希望很快有其他人能组织类似的活动

大型的救援公司也有针对这种海外旅行的政策，但他们不太可能去运输一辆撞坏的车，有些也没有海外拖车服务，所以在注册之前仔细阅读细则。

驾驶者在海外赛道上，就因为某一个弯放纵了一下，之后不得不花费太多时间安排把撞坏的车运回家，这样的故事实在是太多了。这可能会花费非常非常多的钱，最后也只是沦为多年后几杯啤酒下肚之后的谈资。

经常基于什么奇怪的原因，海外大型赛道的赛道日会安排在大型国际比赛的几天之前或几天之后。因为太旺盛的入住需求，寻找酒店也可能会成为一个问题。尽量早地预订酒店，并且在预订之前确保它有安全的停车场和足够的停车位，尤其是当你要开一辆拖车的时候。

海外赛道日的花费明显比你在国内赛道日的多，这来自于额外的燃油和酒店费用，以及可能的摆渡费用等。但把旅行和赛道日结合起来的体验，还是不应该放弃的。

拉力日

另外一种要留意的赛道日类型，是那种一次只有一车的冲刺赛道日。这不常见，但值得尝试。还有巡回赛，以及诸如此类的活动。比如 PR 公司组织过 RPM 赛车巡回赛，就更像拉力赛道日，有看似松散但绝不是无序的赛段，有控制车速的行驶路段，还有在赛道上的快速计时赛段，所有都集中在一个紧凑的赛道日中。然而他们并没有开展多长时间，这对驾驶者而言绝对是巨大损失，因为拉力日非常有趣。

如果还有谁决定要再组织这样的赛道日，我一定会去参加。

爬山日

如果你期望的是那种老式的在乡间道路上的驾驭，而不会有对面驶来的拖拉机，不会有到处引起打滑的牛粪，不会有挡路的散步者，那么由爬山学校举办的赛道日可能适合你。在英国的 Gurston Down、Harewood、Shelsley Walsh、Prescott 都有爬山赛道，对开着家用车的客户开放。这的确提供了极佳的机会，让你能把车辆推向极具挑战性的状态，还有极具价值的驾控指导作为额外奖赏。

爬山赛道一般不会很长，一次冲刺通常只需要大概 40 秒左右的时间，这当然也取决于你的车。没有什么能比这获取的快速驾驶体验更多了。而且，贴近悬崖、树木、障碍的驾驶会让你的精力更加集中，当然也增加了刺激感。

正是基于这个原因，在你去到山上之前，还是要确保你足够了解你的车，比如它的操控性如何，它不能做到什么等。你可能更希望先参加几次普通的赛道日或机场日，然后再尝试爬山日。即便这么说，在爬山日里，也没有任何压力逼迫你以超出自己舒适感的速度去驾驭。

漂移日

如果你追求的就是永远要横着前进，你肯定希望尝试漂移日。漂移，作为一项运动，就是要在一个较小的赛道内，掌控车辆让它以疯狂的侧向角度前进，而是否完美的判断依据就是漂移姿态。它也被称为汽车式的花样滑冰。

现在有不少学校乐意教授你这项艺术的基础技能。作为普通赛道日的组织方，现在也开始组织漂移日活动。在漂移日，基本是每个人轮流去赛道，驾驶车辆尽可能地侧向滑行前进。为此，你需要的是一辆后驱车，后轴上可能也需要安装有限滑差速器，很可能你还要多准备几套轮胎。没有冒烟，就不是漂移，看起来这就是漂移的态度。

让车横向侧滑的技巧，基本方法就是拉驻车制动手柄，同时快速弹开离合器让巨大动力猛然传送到后轮上造成空转。一旦它开始漂移，你就要精细控制加速踏板，让它保持尽可能大的极限角度。对车辆漂移状态的平衡就靠加速踏板的控制来实现。没错，这并不容易，尤其在你需要做

↑ 爬山日让你用自己的家用车也能体会到和日常驾驶不同的体验。这张图片是在 Gurston Down 拍摄到的一个经常参加爬山日的驾驶者

出变换时，就是你要从车头指向一侧的漂移改换到指向另一侧的漂移，但这的确是非常非常好玩的。

如果你并不希望踩蹋自己的车和轮胎，你可以去参加一个漂移学校，在那里他们通常会提供车和轮胎，让你品尝到漂移的初步乐趣。这当然也能磨练你的控车技巧，对普通的赛道日也会有很大帮助。

自由加速赛

如果你只是希望看看你自己的车到底能有多

← 如果你只是迷恋尽可能多的横向侧滑前行，参加一个漂移日或漂移学校可能会非常适合你

↑ 在 Santa Pod 举办的自由加速赛，就是为了探索车能够在长直线上跑多快

↓ 荣誉车贴：它说明这辆车曾经在全世界最顶级的赛道——伟大的纽博格林北环奔跑过

快，这可能就适合你。它很大程度更像赛道日的直线加速赛版本。除了根本就没有什么弯角外，另一个主要的不同就是能够计时。

著名的英国直线加速赛地点 Santa Pod 以及其他一些地点，在全年常常举办一些这样的活动。它们针对所有人、所有车开放，有一次竟然有个冰激淋贩卖车也跑过了终点！你需要的就是一本驾照。如果你的车看起来能够在 12 秒以内跑过 1/4 英里（1 英里 ≈ 1.61 千米）的距离，你还需要一个头盔，因为那时的车速实在是太快了。但如果你不确定，不妨戴上头盔以防万一。

这种自由加速赛是非常便宜的，它的价格基本上只相当于一个便宜的普通赛道日的 1/3。你可以为自己购买你想要的尽可能多的尝试次数。你实际每天能体验的次数完全取决于当天赛道的繁忙程度，在夏季有可能需要排很长的队。然而，这就是乐趣的一部分，很多车来到这里就是为了和同道中人聚会。

在冬季就没有这么繁忙了，但受到坏天气影响的可能性也加大了，雨天这种自由加速赛就绝对会停止。这是因为赛道本身，至少在 Santa Pod 是如此，它的表面和常规的赛道是不一样的。它最下层是一层沥青，中间是一层橡胶，之后又被一层类似胶状的东西粘贴在表面，来提供超强的摩擦力。这层胶状表面的摩擦力究竟有多大？一个赛道工作者告诉我，他有一次在走路穿越赛道时，竟然把一双很好的运动鞋的鞋底给粘掉了。但在下雨的时候，表面这层胶就会被冲走，抓地力就会降低很多。

如果你在巴黎的自由加速赛上起跑，它向赛道日中加入了一些竞赛的成分。每个人都根据"圣诞树"式的信号灯指令起跑。在周边密集的灯光氛围中，这很容易识别。

在每次尝试之后，你可以从比赛控制中心得到你的计时成绩，这能显示每次你对灯光信号的反应时间，以及你跑到赛道不同长度所花费的时间，包括最重要的跑到 1/4 英里的时间。

自由加速赛的技巧也很简单，要获得最短时间有时候显得很粗暴，你只要把发动机转速维持在 4000r/min 左右，另一只脚半踩着离合器。当然具体转速要适合自己的车，这对车是最重要的，你需要多多尝试。而对于四驱车稍有不同，通常你需要拉紧驻车制动手柄，起跑时释放。离合器要保持在结合点的初段让动力传递到车轮上，但用驻车制动器把它维持在原地不动。可想而知，这绝不是延长离合器寿命的好方式。一旦

从起点起步之后，你所要做的就是最快速准确的换档动作。

自由加速赛不一定适合所有人，一天的比赛之后，你说不定会去墙角呕吐一番。但这绝对是一个探索你的车到底能有多快的好方法。

纽博格林

去到欧洲的任意赛道，保证你都能看到不止一辆车在行李箱上贴着一个小而精致的弯弯曲曲的黑色赛道图。这个弯曲路线实际上就是纽博格林北环的赛道地图，它更是个荣誉的象征。

现在，从互联网上你也可以买到这个车贴，但那是自欺欺人，只会赢得赛道日其他驾驶者的嘲笑。因为，要赢得在你的汽车行李箱上贴这个车贴的特权，你至少要在这个赛道上跑完一圈。这意味着你要把车开到德国的Eifel地区，但在我们讨论这个之前，我们先说说关于纽博格林北环的知识。

很简单，这是地球上修建过的最伟大的赛道之一，14英里长的环线构成了纯粹的冒险之旅。这里包含一切路况，从飞跳（如果你的车够快）到侧倾高速弯路，以及大量的海拔梯度的变化，让它的176个弯角（如果你对弯角有不同的定义，也可能是73个）变成了真正的挑战。

直到1976年，它一直都是F1大奖赛的举办地之一，即便如此它仍然是来自一个不同的、英雄时代的赛道。在20世纪80年代早期，一个新的类似曲别针形状的赛道在它的南面修建起来，这个新的赛道一直在承担F1比赛和其他国际性赛事。

同时，这个旧的，或者说是"真正的"北环依然在森林中充满着活力。一直以来，它成为德国耐力赛的主办地、汽车制造商的测试地，以及特殊的赛道日举办地。汽车厂家喜欢说自己的产品在北环测试过，甚至故意安排"试车谍照"曝光来证明这一点。既然能够充分利用到这条伟大的赛道，这样的赛道日必然会很昂贵，但你绝对值得去那里折腾一番。

但是，还有一种便宜得多的方法，能让你把自己的车开上纽博格林赛道，那就是在它的公众开放日出现在那里，并且付一定的费用就可以了。纽博格林的公众日是极其火爆的，尤其对英国人来说更是如此，甚至看起来比德国当地人都多。众多的当地人会把赛道变得更加刺激。不用说，这可能是有点让人伤脑筋的，因为有大量的摩托车手也在赛道上奔驰，而且当地人对这个赛道的了解就像对他们自己的手背那样熟悉。赛道上车速的差别可能会非常大。实际上，几年前我

↑ 一辆三菱EVO正在从著名的纽博格林北环上著名的Karussel弯的水泥护栏旁快速驶过

第一次来到这里跑这个赛道，是驾驶一辆租来的小车。那时候，很显然租车公司为了谨慎，不会让车的性能太运动，总之，我超过的唯一一台车竟然是一辆坐满了观光游客的赛道巴士。

很明显，北环的公众日和通常管理很严谨的赛道日有些不同，因此，你需要保持灵活的头脑。同时你也要清楚，万一出了状况，你可能会花费一大笔费用。一方面，有可能你的保险公司不会为此买单，它有可能会被归类为公共道路，但大多数保险公司不会这么认为。而且你面对的远不止修车所需的费用，还有你对护栏造成的损失、因为救援你造成赛道关闭给赛道组织方带来的损失，以及把车运送回家之前停放在赛道维修车间的费用等。

可事态却往往非常容易失控，尤其是当赛道湿滑的时候。曾经，我在一个潮湿的天气中跑了三圈赛道，每一圈都遇到了不同的车撞到护栏上。尽管有上面这些缺点，它仍然值得冒险一试，因为世界上再没有比这个赛道更具挑战性的了。

只要你谨记，在北环上驾驶，你需要时间去学习。有太多在这里跑了成百上千圈的人，在骨子里认为自己仍未熟悉这里。甚至有人认为最危险的事就是，一个北环的驾驶者自认为了解它，而真正来到赛道时他们才会发现，它并不像自己认为的那样，这时候的代价往往就很惨重了。

很多人承认，学习在纽博格林北环驾驶的最好方式，就是把它分成几段，集中精力通过一系列的连续弯角，之后就让车辆和自己放松一下，再迎接下面一个分段。有些人甚至建议，你应该

先把它看成一个普通的高速公路来慢慢适应，这的确也是一个很不错的主意。有很多种方法，让你能对北环的驾驶在头脑中形成初步的印象，最著名的可能就是在电脑游戏上跑一跑这段赛道，或者通过发布在互联网上众多的车载摄像头拍摄下的视频来了解。但对这些要倍加小心，不管看上去多么真实，它们都不会反映出海拔的变化，可这却是这个赛道最核心的精彩之处。

虽然有些组织方也会在这里举办公众开放日，但纽博格林的公众日并不是真正的赛道日，而是赛道开放给任何能用轮子奔跑的物体的一个时间段。如今，这些开放日真的并不像以前那么规律和频繁。经常，在纽博格林赛道的公众日能得到的时间只是晚上的少数几小时，因为汽车厂家对它的使用需求也非常强烈。所以，不要未经

查询就贸然出现在这里并且希望能够得到进入的机会，先在互联网上查看开放日的时间安排，然后再驾车长途奔袭到德国吧。

要进入赛道本身很简单，只需要在自助售票机上买张票，或者去票务亭买张票，然后在赛道的进口处把票塞到闸机里，赛道的大门就会为你打开，就像一个多层停车场那样。如果你准备进行多圈的驾驶，你可以买一个多圈的票，票价也会有些折扣。一圈一圈的买票肯定要更贵。

最后一件事，纽博格林可不是个容易挑战的地方，它的确会"咬人"。正因如此，它才成了为数不多的挑战驾驶的最伟大圣地之一。的确，有太多关于它会对公众关闭的传言了，如果这变成事实，那真是巨大的遗憾。所以赶快去吧，在它真的被关闭之前。

↓ 就像你能看到的，北环里有些地方的护栏距离赛道非常近，不容出错

3

玩赛道日用
什么车

玩赛道日用什么车

你可以开任何车去赛道日，但毕竟总有些车比其他车更合适。有人会开自己的日常用车去赛道日，也有些人会把自己赛道专用的车开去赛道日，以便能够真正体验到不同平日的更精彩的赛道日。

你可能已经准备好了要开去赛道日的车，它就是你的日常用车，你用它来上下班和购物，不过这辆车还是多少有些不同，它是这个产品线里更具运动倾向的一款。如果真是这样，那这还是个不错的起点，因为你在赛道日上看到的绝大多数车，都比普通的日常用车更加运动一些。

这并不是说，如果你的车只是普通款，你就该打消去参加赛道日的念头。你该这么想，如今一个常规的两厢或三厢家用车的性能，通常都要超过那些 20 世纪 70 年代的运动型车，赛道日上还有大量的车迷会开那些特别古老的车，因此很大程度上讲你可以开任何车。的确，你可能被赛道日上看到的各种车惊到，我甚至在 Donington 的一次赛道日上看到一辆伦敦的出租车，真的！

重点是，只要它本身安全可靠就没问题。有些赛道日可能要求你的车具有能合法上路的证明，即交通部门核发的牌照。这也非常少见，一般来说确保车辆的安全是你自己的责任。的确，赛道日上基本上不会有任何形式的对车辆的检验，完全由你自己来确保车辆一切可靠。你也的确应该这样做，确保车辆不漏油、漏水或者掉轮胎。

这辆车应该是你自己的车，至少你得到允许带到赛道上的车。你可能听到过，有些人把租赁来的车开到赛道日去。但这里要警告你，那些租赁公司都对此有掌控，尤其是那些德国甚至纽博格林附近的租赁公司，所以你自己要记住这一点。而且万一你把车撞坏，保险公司是不会对此赔偿的。至于之后该怎么处理我们也不了解，至少不会那么简单，你肯定要请个律师才行。

如果你在车辆方面遇到了障碍，好消息是你不需要花多少钱就能买到足够好的赛道用车。它们不但足够快，还能提供给你足够的乐趣，因为在二手车市场上有太多便宜且足够快的车了。能有多便宜？好吧，给你一个可能的例子参考，一些年前我给一家杂志做过一个选题，就是模拟购买二手车。在 500 英镑的预算下，我们四个编辑要各自为赛道日购买一辆车，之后我们要在 Brands Hatch 赛道会合，看看谁的选择更值得。这个选题的宗旨是保持买到的车的本来状态，不允许进行改装，也就是经过了相对彻底的安全检查之后就要直接来到赛道。

那实际上是一个相对高端的赛道日，所以这些"破烂车"要和这样的车同场跑圈：像什么福特 GT40、各种各样的保时捷、几辆法拉利，还有通常显得很内行的莲花 Elise 和 Caterham。

令人惊奇的是，我们这些老旧的宝马 325i、Metro GTi、雪铁龙 BX 以及欧宝雅特 GTE，在这些高贵的车队里看起来也并不过时，甚至有些车还不得不给我们让路被我们超车。之后，赛车手 Phil Bennett 接手来评价这些老车，有张照片记录了他驾驶 Metro 跑到了一辆全新的斯巴鲁翼豹 WRX 的前面，斯巴鲁的驾驶者还在挥舞着自己的胳膊表示被超越的耻辱，但这种照片非常值得回味。

当然，这主要来自于驾驶者的高水准，事实也的确如此。在开始的初级阶段，驾驶技术的提升可以把速度提高一大截，远超对车辆进行改装的重要性。可我们的主要观点还是明确的，你不需要花费太多钱去针对赛道日选择一辆足够完美的车。

那辆 Metro 就是这场表演里的明星，它如此耀眼，我甚至把它保留了下来，作为我接下来两年里的赛道日用车。我一直想要改装它，可一直没能抽出时间，所以除了最初的那 500 英镑外它一直没让我再多花什么费用。我的确用了它不短的时间，它也没有出现什么大的问题。

我甚至相信，驾驶一辆相对便宜、速度相对慢的车，获得的驾驶乐趣甚至比驾驶一辆昂贵的超级跑车还要多。这更取决于你追求的是什么，追求刺激感还是满足感。对于我个人，尽管我乐意在赛道上为一辆法拉利 F430 让路，我同时也很享受我那接近原厂版本的马自达 MX-5（只是改装了赛道版制动片和更好的制动盘）在赛道日带来的快乐。它很便宜，超级可靠，也保证能给你的嘴角挂上一撇微笑。

为赛道日买辆车

为赛道日买一辆特别便宜的车的确是可行的不错方案，但要注意一些事情，比如在排放方面车辆会不会遇到问题。比如，那辆老的欧宝雅特在普通道路上表现很好，可一开进赛道，它就立刻变成了一个烟雾制造厂而让所有人印象深刻。实际上，它还没跑完一整圈，就被出示黑旗请出了赛道。最后我们发现，实际上真正的问题出在机油飞溅方面，如果我们要再次把它带到赛道就必须给它做出针对性的维修。

就像我说的，这不是个普遍的例子。但你也会面对类似的状况，就是如何确保你买的车在你

← 原厂的 MX-5 和福特蒙迪欧出现在 Elvington 赛道上，没人说你不得不改装车辆才适合参加赛道日

↓ 作者的老 Metro GTi（现在已经解体报废了）只花了 500 英镑，但在赛道上仍然能给你带来巨大的快乐

的，可能因为它们更具乐趣，或者它们更容易改装，或者就是因为它们有着超高的性价比。关键是，如果你选择了比较流行的车，就会有更多的人能够帮助到你，在互联网的论坛上能得到更多的建议，当你遇到问题时，更有可能别人也曾经遇到并解决过这样的问题。

甚至有人推荐直接购买已经在赛道日上被使用过的车，特别是当它们被针对这个场合进行过改装和强化之后。但这也要看你到底需要什么。如果你想寻找一辆车，既能在路上给你舒适，也能在赛道上奔跑，那就找辆普通的车吧。只是在你购买二手车时要做全面的检查，比如保养记录、碰撞损害的痕迹、底盘号码，以及其他必要的一切内容。不过这已经超出了本书的范围，但你在很多地方都能找到相关的资料。

也不要因为它便宜就贸然去选择。购买的价格只是拥有它的开始，如果它之后的花费惊人，你就该谨慎考虑拥有这辆车的代价了。一定要记住，通常一辆车能服役的时间长度远比厂家设想的更长。轮胎和制动的磨损经常成为关键问题，所以尽可能找相对轻的车，它们的制动和轮胎的磨损都会比较小。另外要考虑的就是备件，你确实会需要它们，但有些车的备件很贵，也很难找到。

磨损和破坏

你脑子里应该清楚的是，如果你打算买的车或者你已有的车，将要面对日常道路和赛道的

↑ 如果你考虑为赛道日买一辆车，那么首先去一趟赛道日，找到和你准备入手的车型一样的车的主人，和他们聊聊，他们绝大多数都喜欢跟你聊聊这辆车

进入赛道之前不会出现类似这样的问题。最好的办法，就是在确定你赛道日的武器之前对它做一些研究。首先，去参观几次赛道日，你不必为参观而花钱，在那里的维修区有很多人都爱聊聊自己的汽车。如果你找到了和自己的车相同的车型，上前去和车主交流交流；如果你找不到相同的车型，就得问问自己为什么了，可能这款车本身就有太多麻烦而不值得使用。

还可以看看什么车更加流行，你总能在每个赛道日找到一些比较流行的车。这是有理由

→ 你的车在公路上永远也不会像在赛道上那样经受严苛的考验

双重考验，它有可能会难以承受。这是没有办法回避的，赛道是一个比普通道路更加苛刻的使用环境。一名赛道日准备专家甚至告诉我，就机械结构的磨损和破坏来说，赛道上的 1 千米就相当于公路上的 10 千米。

你要知道，赛道上，车辆的机油消耗肯定会更多，需要及时检查机油量，甚至要在赛道日的间隙做检查；更换机油也要比日常使用更加频繁；尽量留意你的赛道里程，据此来确定维护和换油周期。永远记住 10∶1 的普通公路和赛道的比例。

你还应该留意制动片和轮胎方面的磨损速度。记住，你的车在公路上是绝对不可能达到赛道驾驶那样激烈的程度，即便你保持着开往超市的速度纪录。

如果你没有时间亲自动手修整你的车，那么你就需要去维修厂。如果可能，尽量找一个至少知道赛道日是什么以及车辆会在赛道上干什么的人，之后和他们维持长久的关系。就我自己的经验来说，没有经历过赛道驾驶的人很难想象到赛道对车的考验程度。想象到他们自己的成果要被放到 Brands Hatch 甚至纽博格林这样的赛道上去考验时，修理工们也很容易觉得自己的工作不那么普通了。当你再次回来时，他们想要知道事情的进展，说不定他们还会推荐你做些改装。

更好的方案是你可以找到专门服务赛道日

的机构来照看你的车，他们在这方面是专家，能让你的车保持很好的工作状态。但也要清楚，这些公司通常都有赛车的背景，花费可能会比较贵。如果你希望得到最好的服务，你的付出还是值得的。

在本书的后续章节，我们还会回到这个听起来有些烦琐的细节内容上来，但现在只需要记住，你的车在赛道上会承受很大磨难。知道这个，就不奇怪为什么你的日常公路用车，不是那么容易一身二用去兼做赛道日用车了。

说到这里，好像现在赛道日用车开始有定制化的趋势了。的确，在一些高端赛道日，多数车都是针对赛道日专用的。即便降低一些档次，很多车也都经过了拆卸减重和加装防滚架保护，其中一些甚至接近了专业赛事的安全标准。

拖车还是自驾

拖车还是不拖？这是个问题。把你的车拖到赛道还是开到赛道，很大程度上取决于你希望从赛道日获得什么。很多人认为把车开去赛道以及开回来，都是这一天的重要组成部分，作者也是其中的一员。如果你准备把车拖到赛道，那你应该是准备去比赛。

另外一方面，有些车根本就不适合公路驾驶，尤其是之前参加比赛的车和针对赛道日定制的车。还有，如果你有个拖车甚至是运输板车，在赛道上你就不用有所忌惮，能把车逼向更高的

↓ 一些人会把他们的车拖到赛道日

↑ 封闭式拖车有它先天的优点

极限，万一撞坏或者造成发动机爆缸你也可以把车运送回家。这是让你更放心的选择。

你甚至能看到有些人有奢华的赛道日装备，比如移动房车和拖车。这构成了一个理想的周末营地，里面的冰箱能提供冰凉的啤酒，还能让你来一顿豪放的烧烤。如果目的地是纽博格林，那这样的旅行肯定是完美的。

但你并不需要追求这样的奢华。一辆简单的拖车，甚至是加装了拖钩的车，都不会耗费你多少钱。当然，需要被拖的车越小越轻，你的拖车

也可以相应地轻一些。但如果被拖的车本身很重，你可能就需要额外的付出。你甚至花费不到 1 英镑就可以淘到二手的拖钩，而定位高端、质量上佳且带有顶篷的拖车，就会贵很多。

你得注意，拖车本身也要占据空间。停放它们就不像把车停放在路边那么容易。一辆拖车，以及带拖钩的车，也需要维护，才能确保能把你的赛道用车顺利地运送到赛道。从维修区的闲聊中获知，对拖车的忽略而遇到的麻烦和他们开车适应赛道时遇到的一样多。

在赛道日之间的时间里，拖车就那样扔在露天环境中，哪怕严冬也是如此。这段时间内，轮胎可能老化，制动可能锈住，所以在赛道日之前需要检查你的拖车，给你留出时间来修复可能遇到的问题。

关于拖车，另外一件事就是前面牵引车的后轮溅起的大量碎石和垃圾会撞击到拖车上，这可能也会破坏拖车上的赛车头部的漆面涂层。因此，你可能要考虑安装一个类似挡板之类的东西，更好的方案是，选择那种封闭式的拖车，这也会让你在参加机场日遇到下雨的时候有个遮风挡雨的地方。

拖车时，你必须确保车辆正确装载。如果是新买的拖车，应该有说明书指导你该怎么做。如果没有说明书，请咨询生产厂家。赛道日上，你的车在赛道里像蛇那样甩尾可能颇具乐趣，但如果一个拖车的尾部因为不平衡而在高速路上剧烈甩尾，那可是彻头彻尾的灾难。

→ 标致 205 的车头显得有点长，但它容易转向过度而甩尾的倾向让它成为赛道日上流行的选择

如何选择赛道日用车

什么车能参加赛道日通常没有什么具体的技术规则，也不分什么组别，所以在赛道上看到不在同一级别上的各种车就毫不奇怪了。这也部分来自群众的呼声，老实说，虽然这里不允许比赛或计时（这我们之前提到过之后也会无数次提到，因为这是无比重要的），但能看到你的车真和其他各种车较量起来时是什么水准还是一件好事。

然而即便这里不分组，人们还是习惯在心里把赛道日上常见的一些车进行非正式的组别区分，这不正好告诉了你什么车可以选择了嘛。当然，这里也只涵盖了最常见的一些车型，如果你的车不在其中也不用担心，更不需要沮丧。鹤立鸡群并没有什么错，而且显然你可能还知道一些其他人不知道的东西。

廉价两厢小钢炮

两厢小钢炮，在赛道日中只能被看作入门级别，尽管它们常常被设计成在赛道上也能和真正的赛车一样快。如果你的预算不充裕，更老些的两厢钢炮一般会很便宜，但说到在赛道日上的刺激，它们甚至能给你更多。它们一般都更轻，这就意味着对制动的压力也会小一些。它们也常常比后来新款的继任车型有着更加灵敏的转向感受。

赛道日上广受欢迎的两厢小钢炮，包括旧款的大众高尔夫、标致 205，它们都能提供丰富的调校选择，在赛道上有很多驾驶乐趣。但不论你选择哪款廉价两厢小车，你都需要对它们做彻底的检查，有可能它们之前就是被一个像你这样的人驾驶。

廉价三厢车

如果想要后驱的三厢车，考虑宝马吧。

没有太多汽车厂家有如此丰富的赛道基因，这家巴伐利亚的企业总是把自己的车打造成为驾驶而生的车。所以毫不奇怪，大多数赛道日都会有几辆宝马的车，从减重了的 M3 到普通点的三厢轿车，它们通常都倾向更激进些的赛道驾驶。

另外一些流行的后驱三厢车包括福特的 Sierra Cosworths 和更老的福特，比如 Escort 和 Capri 等。后面两个颇具乐趣，但在如今的年月显得有点慢了，除非经过比较好的改装。

至于前驱三厢车，尽管驾驶长轴距的前驱车在弯中会显得有点冒险，它们之中有些也能在赛道上给人留下深刻的印象。因为缺乏明显的重心转移，它们可以作为你入门的基础，从这里出发来磨练你的赛道技能。

廉价运动型车

你可能会想，一款后驱的运动型车已经超出了你考虑的范围了，但这里有不少高性价比的选择，尤其是考虑到一些老的日系车型的时候，比如 MR2 和 MX-5。它们有着不错的轻量化和可靠性，同时也有非常丰富的驾驶乐趣。而买一辆保时捷也可能并不昂贵，尽管一辆 944 可能看起

↑ 什么车都可以，只是要先把车里不必要的东西清理干净

↓ 中置发动机、后驱，充满乐趣，原厂的 MR2 仍然能用一个不贵的价钱收过来

↑ 三菱的 EVO 和斯巴鲁的翼豹是赛道日的主流车型

来和不那么讨人喜欢的 924 一样，可是进到赛道里它们那超级棒的平衡和良好制动塑造的性格真的无与伦比。

四轮驱动

这里，我们谈的可不是人见人恨的切尔西拖拉机（译者注：暗讽城市里的大型四驱越野车），而是日系那些高性能 4×4 三厢车。过去十多年，它们构成了赛道日一大部分的主力。更具体的比如三菱 EVO 和斯巴鲁翼豹，每个都有着众多拥趸，而且它们的车身上都有预置的螺栓位，使它们可以更便于被改装。

购买新车

如果你准备买辆新车，参加赛道日的同时也让它作为街车，那你有足够多的选择。虽然在本

书写作的时候，汽车倾向于朝越来越重的趋势发展，即便是两厢车。而且，对很多车来说，关闭驾驶辅助系统和电子稳定系统也变得越来越难了。虽然这些功能对公路上的安全很重要，但并不有利于赛道驾驶。

在你决定买一辆赛道用车之前，你绝对该做的一件事就是，和曾经在赛道上驾驶过它的人聊聊天。如果这是相对较新的款型，找到它的车主可能不那么容易，你也可以看看权威杂志或专业网站对它赛道性能的评价。

运动口味

如果这里没有 Caterham 或者莲花 Elise 现身，好像你就不是在赛道日了！这两种车是非常流行的，尤其是 Elise 和它的派生车型，这自然有很充分的理由。Caterham 7 车型，即便是低动力输

→ 新的两厢车，比如本田思域 Type R，在性能上非常突出，如今在赛道日上也经常能看到

← 谈论到赛道上的
刺激，很少有车能和
Caterham 相提并论

出的入门级版本，在赛道的多弯路段也会羞辱那些长得奇形怪状的超级跑车，它最强的动力版本更是疯狂至极。Caterham 7 取得了如此大的成功，其他厂家也开始制造类似的车型。通常，这些车都是手工组装的，Caterham 就可以通过组件方式获得，Westfield 以它是这些类似 Caterham 的车辆聚集的圣地而闻名。

Elise 也有和 Caterham 类似的赛道实力。由于发动机就在你的身后，它能给你提供驾驶真正赛车的感觉。如果你在找一辆同时适合公路和赛道的车，它可能是一个相对现实的选择。

另外一款流行的车就是保时捷，针对赛道的 968 Club Sport 车型就很不错。如果你的钱还算充裕，你可以去选择 GT3 或 GT2，还可以选

法拉利的 430 Schuderia。好吧，这个清单可以列举很长很长。

特制车型

赛道日特制车，更多是指那些只能在赛道上使用的车。即便如此，厂家有时候还是会宣称它们是公路用车。他们认为，这些车存在的目的就是提供驾驶乐趣。这就像你拥有一辆摩托车的目的可能也是为了刺激和乐趣，而不是从 A 点移动到 B 点。我认为这也算是合理的解释。

Radical 就是一个非常成功的赛车制造厂家。它可能也是最著名的赛车定制厂家，尽管奇怪的钢管车 Aerial Atom 有着非常高的回头率，但它确实是用摩托车发动机装备汽车的先驱。

↓ Radical 的 SR3 可
能看起来应该属于跑
勒芒耐力赛的那种，
但不管你相不相信，
它也可以在公路上当
作街车

↑ KTM 的 X-Bow 可能会是赛道日场景里的又一个流行车

易买到专业的赛车。

但有些事情仍然要小心。虽然厂家有可能说它既能合法上路又是一辆拉力赛车，但最初的原型车不一定是能合法驶上公路的，或者就是比较容易能改装回符合公路标准。因此，有可能你需要把它拖往赛道日。另外，你要确保发动机本身的耐用性。不是所有的赛车都是为了长期的可靠性而设计的，如果你追求性价比，你最不该陷入每次赛道日之后都要拆解发动机进行维修的坑中。记住，在一个赛道日你能跑的圈数远比绝大多数的比赛日要得多，比赛日基本也就 30 分钟的排位赛时间和 10 圈左右的比赛时间。

还有很多其他的厂家，通常是比较小规模的制造厂，乐意接受你的费用，用定制车辆回报给你赛道上的刺激。通常，他们都是通过疯狂的功率重量比数据来实现，使用的发动机经常都是轻量化的摩托车发动机。然而，有趣的是，业内也有一个新的特殊制造商，它是个摩托车制造商，却在它的碳纤维钢管构架车型上使用了汽车的发动机，这就是 KTM。这款 X-Bow 车型准备要在赛道上刮起一阵狂风。

在你决定选择购买一辆赛车之前，还有另外一个重要的考量，那就是少数组织方不愿意让赛车进入赛道。当然，这是很罕见的情况，但确实在英国有些赛道日看起来变成了测试日，这也引起了比较多的争议。

赛车

如果你希望有一辆赛道专用的车，就去买一辆为赛道打造的车。比赛的冠军车型在几个赛季之后被淘汰的事情太常见了，或者采用了其他新的车型，原来的这些车型就因为没有比赛可用而被放弃。这样的话，你能不用花费太多就很容

如果你被小广告诱惑，被那种单座赛车吸引，希望把它当成你的赛道日武器，那么你还是应该三思而后行。我这么说是因为大多数赛道都不允许它们参与，主要是因为速度上的巨大差别，以及在其他赛道驾驶者的后视镜里这些车并不明显。不过很多其他特制车型也存在类似的问题，所以我对此有点不解。

我曾经和一位活动组织者交流过，他试图运作一个只为单座赛车开放的赛道日，但却没有吸引来足够的参与者，这真令人羞愧。的确没有什么东西像单座赛车那样能提供如此多的乐趣，可

→ 一款拉力车可能是赛道日的好选择。它比较结实耐用，应该也能合法上路，如果还是辆福特的 Escort Mk Ⅱ，那它还能给你巨大的乐趣

→ → 大部分英国的赛道日不允许你使用单座赛车，但在欧洲大陆的德国、法国等地对此的要求则宽松很多，图中所示为一款在一个法国赛道日维修区等待的 Atlantic Lola 方程式赛车

有了这样的赛车却没有什么赛道能跑。如果你有一辆，尝试着去参与 Donington 的 Trakzone 赛道日吧，据我所知这是目前大的赛道里几乎唯一允许方程式赛车参与的赛道日。除此之外，你就只能去海外了。

团体

如果你真的希望在赛道上弄点特别的，但又不希望增加太多预算，那么你还可以考虑通过和别人共享使用汽车来分担费用。这在赛道日已经变得越来越普遍了，不管是一帮人一起打造一辆赛道车并轮流下到赛道，或者采用更加正式的方式，一帮人共同拥有一辆车的产权，就像那些共有游艇和公务机的形式。其中唯一的不同就是所有人也可以在同一天使用这一辆车，有时候甚至四个人都可以在赛道上使用这一辆车，虽然基于某种轮换规则完全可以不用这样。

这也并不像听起来那么令人不悦，因为通常一个赛道日会有充分的时间，你也经常会发现你并不想一整天都到赛道。三人可能是理想的人数，因为通常分组的赛道日就会划分成三个组。当然，在开放的赛道日上这会使运转更顺利。

团体形式可能面临的问题是，当车辆不在赛道上的时候谁来保管它。如果它不是合法的公路用车，事情还简单一些，这时，如果谁能贡献一个停放空间来你们估计会很高兴。但如果它能够合法上路并且它还很有乐趣，那么在赛道日之间保管它的人可能就是在花费大家的费用独自享受乐趣。也不是说没有办法，说不定你们也可以轮流保管它。

如果你要和别人分享一辆车，你确实只该和真正熟悉和信任的人分享，最好是真正的朋友。

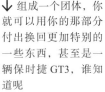
↓ 组成一个团体，你就可以用你的那部分付出换回更加特别的一些东西，甚至是一辆保时捷 GT3，谁知道呢

要确保你们之间对细节达成了一致，比如你要使用它多长时间，你要去参加多少个赛道日，如果它发生了事故谁来承担损失，是驾驶者还是你们共担，诸如此类。

另外一个事情是，如果在赛道日上你们两个人或三个人共享一辆车，它的磨损和消耗会加剧。通常，如果只有一个驾驶者，一辆车会有大量停车休息的时间；但如果你让一辆车持续在赛道日跑圈，它的磨损肯定要多很多。因此你们要注意零件、轮胎、制动等的情况。另外，有些赛道日只会针对车收费，而对额外的驾驶者只有不多的额外费用，所以这也是一个节省费用的好办法。

组团并不适合所有人，但如果你有一帮朋友都极度着迷于莲花 Exige，而且你们之间的关系也够亲近，那何不考虑这样的方式呢？只是要

确保每个人都理解这里面的所有细节。

租辆赛道日用车

如果你租用一辆普通的车，把它带到赛道日去是冒一定风险的事，但你可能会感到奇怪，有越来越多的公司开始出租专门针对赛道日的性能车型。如果你了解赛车世界里的运作方式，那你也不会感到奇怪，因为租用赛车是绝大多数年轻赛车手从方程式比赛中一步步成长的方式，这也需要有个赞助商（或者一个富爸爸）才能让自己有机会坐在赛车方向盘的后面。

现在，已经有很多公司提供赛道日车辆租赁业务，也有很多车型供你选择，从小点的 MX-5 到针对比赛的运动原型车。这样做最大的优点就是你不必要去担心车辆的磨损和消耗，以及维护保养这辆车的琐事。缺点就是，价格可能会相对昂贵一些。但如果你能把握自己的驾驶，合理地控制住碰撞的数量，就不会花费你之前预期的那么多的费用。你也需要搞清楚是否提前上了保险。如果有，你是否需要为超出部分承担一部分责任，通常都会有的，应弄清这部分的比例是多大。如果没有保险，那你需要了解如果你撞车了应该怎么办。可能的解决方案就是"谁撞谁修"，或者你可能会被要求先付一笔押金，通常是在赛道日之前通过信用卡的方式支付。

一些出租赛车的公司（注意我要强调不是所有的），不允许你自己单独驾驶车辆进入赛道。这意味着你会得到一天的指导，但也剥夺了一些你练习的自由。在我看来，这可是赛道日吸引力的重要部分。有时候，这些租来的车还开不快，这就更让我奇怪了：车里的教练还能让驾驶者压榨这个车到什么样的程度。

这是你租用车辆之前应该和租车公司讨论清楚的事情，因为这是你花自己的钱购买的赛道时间。你得知道，大部分情况下，这个车是要在一帮不靠谱的人之间分享的，所以最初的交易可能看起来就不那么划算。如果你了解你需要什么，而且你着魔于去赛道上驾驶所获得的一些特殊体验，还是可以考虑这种方式的。

4

赛道日当天那些事

赛道日当天那些事

赛道日真正好的地方就是不必过多准备即可参与。即便如此，在你被允许下到赛道之前，也有几件你该提前做的事，以及你在跑圈时该记住的简单规则。

赛道日最美妙之处就是，它提供了非常宝贵的自由自在的感觉，你不必再担心突然出现的交通拥堵，你不必在空旷的道路上压抑获取刺激的欲望，你更不必担心什么测速摄像头。这一天，这些都不存在了，因为很快你就可以拥有整个赛道来玩耍。

你到达赛道后仍要稍微有些耐心，因为在你下到赛道之前还有一些事情要做。不同组织方在运作上会有稍许不同，但一个好的组织方的流程应该和这里罗列出来的类似。你参加的不同赛道日在细节上可能不完全相同，但内容都大同小异。

第一件要提的事就是，在赛道日当天你应该尽可能早到达赛道，特别是如果那里有维修区并采用先到先得的方法分配的话。拥有一个舒适的维修区车库绝对比维修通道的露天场所好得多。

实际上，赛道日上人们怎么选择车库或者停车是件非常有趣的事。那些类型相似的车经常会

聚集在一起，这也是赛道日潜在的魅力，与和你拥有同样车的人交流心得不是很好的事吗。

一旦你选择好了赛道日地点，你就要去注册。在这个阶段，你会被要求出示你的驾照，不论发生什么事，别忘带驾照。体验的乘客也需要注册，驾驶人和乘客都需要上一份保险，当然你要仔细阅读条款。签字就意味着你了解了赛道驾驶所隐藏的全部风险，并且你同意组织和赛道方不会为你和车的任何损失负责。

你注册之后，通常就会给你第一个手环，这基本就是通往惊喜刺激的通行证了。每次你进入赛道，都需要在维修通道的末端把手环展示给那里的管理人员看。他们还可能给你的车辆贴一

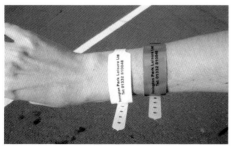

个号码，这样管理人员就能辨识那些不老实的驾驶者了。

根据不同赛道日的要求，下一步有可能要进行噪声测试。你要把发动机转速保持在特定转速之上，通常约为最高转速的 1/3。这时，噪声测试人员用仪表在离排气管大概半米左右的位置测试。大部分普通的公路车，即便是那些高性能车，也应该不会遇到任何问题，即便噪声上限只是设置在 95 分贝，这基本上是你能遇到的最苛刻的上限了。这时，那些采用摩托车发动机的车可能还需要挣扎一番，而那些改装了烦人的排气管，只为制造巨大噪声的车，则很可能遇到问题。

但如果你只是以低于上限一两个分贝的成绩勉强通过噪声测试，也别以为你就高枕无忧了。如果你的车在赛道里显得噪声尤其突出，他们也可能让你停下来进行另一轮的测试。确实，他们会通过监控特别关注进行了改装的车辆，以便有追溯的证据。看上去对你有点折磨，但记住，他们要避免的是因为一辆噪声大的车而让整个赛道日被迫取消，甚至导致赛道取消举办赛道日的可能性。

个别的组织方可能不做正式的噪声测试，只会在赛道边监控噪声水平，但如果你的车一直高声咆哮你就有可能被警告。

一旦你通过了噪声测试，通常就会给你的车贴上一个小贴纸，以便维修通道的管理人员知道你的车足够安静。下面该是对驾驶者做一个简报了。

← ← 有时你可以预订一个车库，有时车库是先到先得的，所以早去一点绝对值得

↑ 有时你会被发放一个号码

← 一旦你注册之后，就会发放给你一个手环，一般在简报之后发给你第二个手环

↑ 除非当天不限制噪声，这是非常少见的情况，否则你必须要经过噪声测试

简报

从心理学角度看，赛道日上对驾驶者的简报实际上也是非常有意思的。环顾屋子，工作人员在上面讲安全、黑旗以及在发生事故时你该如何处理的时候，你还是会发现有几个低垂下来昏昏欲睡的脑袋，尤其是那些新人。本该是由激情开始的一天，看起来突然陷入了死气沉沉的严肃气氛。你没必要让这扑灭你的热情，因为这个环节其实很重要。组织方有义务遵守这样的程序，因为如果不这样做可能就有巨大的保险责任问题。

更好的组织方，至少会想办法让这个简报稍微有点趣味，当然前提是不能遗漏核心内容。这样就不必只是说这样不可以、那样不可以，一个好的简报可能还包括几个好玩的故事。这就关乎如何把乐趣与知识平衡好，也要让它尽可能简短。

正因为这是不得不做的一件事，也正说明你不能忽视它。你被告知的事情里有些是非常关键的。比如，他们会告诉你在赛道中你要从哪个方向超车、你是否要提示前车你的超车意图、各种旗语是什么含义、赛道日的时间划分，以及其他一些非常重要的事情。有些组织方还会指出赛道上的危险区域和当前赛道路面的状态，他们也可能趁此机会介绍指导教练。

关于简报的最后一句话就是，你千万不能错过，它可能不会再讲一次。而且你如果没有得到证明你参加过简报的臂章，你可能就不会被允许进入赛道。

当天的准备

你首先要确保已经穿戴妥当，可以是专门的套装及靴子，或至少是有袖子的衣服和一双鞋。

→ 针对驾驶者的简报在任何赛道日都是最关键的一环

在后面的章节我们会详细介绍，在这里我们先来看看你该怎样准备你的车，确保它能适应一天的赛道使用。

这里很多内容都是通用的，但很多类似的错误也在被一遍一遍地重复。其中的一个关键是记得把任何随便放置在车里的东西都拿出来。当一个车上了赛道，它经受到的加速度是在公路上永远也不可能接近的（更别说真的经受）。你的地图册会从置物槽里飞出来，精致的香囊包会掉落到脚下成为危险的障碍，扔在驾驶座下面并且早就被遗忘的制冷剂罐子会滚动到踏板区域附近甚至制动踏板下面。听起来不大可能？我确实见证这件事发生过，不过驾驶者很幸运地有机会处理而没有造成严重的后果。

一个赛道日组织方告诉我，曾经有过更加愚蠢的驾驶者，甚至把一套高尔夫球棒、网球拍，甚至一双户外鞋放在了一辆保时捷944的后座上。好吧，我打赌你不会这样。

类似的，行李箱里松散放置的物件也可能导致严重的问题。有的赛道日驾驶者经常会发现车内有凹坑，就因为千斤顶没有固定在合适的位置上。

你还应该检查液面高度，冷却液、机油、

制动液，所有这些内容我们都会在本书后面的技术章节进行介绍。很多人还会拿着扭矩扳手围着车拧一圈，以确保轮胎螺栓都紧固到位。这是个很好的习惯，在你高速入弯时如果跑飞了一个轮子，你可能就会像一个飞盘那样打转飞出去。检查后视镜并把它们调整到位也是绝对关键的，在接下来跑圈的过程中，它们是车上最重要的部件之一；还要确保前照灯和指示灯都能正常工作。

另外一件你需要检查的事，并且在赛道日这天应该始终留意的，就是燃油量。这个建议看起来有点幼稚，但你会惊讶赛道日上确实有不少人把车跑没油了。脑子里随时牢记，在赛道里你会经常把发动机转速维持在更高的区域，导致你的燃油消耗要比日常的公路驾驶高出很多很多。如果你真的在赛道上把车跑没油了，拖你的车可能还要造成赛道中断，其他所有人都会损失自己在

↑ 你需要确保后视镜调整到位

← 在你下到赛道前检查轮胎螺栓是否紧固是个很好的习惯

↓ 你应该时刻留意燃油量，注意不是所有的车都有燃油表

→ 有些组织方坚持要求你安装好拖车钩，还有可能要求你把车灯用胶条贴住

赛道上的时间，你肯定会变成赛道日里不受欢迎的人。一些组织方甚至会对跑没油的驾驶者进行罚款。比你想象的多得多的驾驶者遇到过这种问题，所以一定留意你的燃油指示表。

如果你驾驶的是特制车辆或者改装车，你就要当心不要总是把油加满到"溢出"，因为这类车经常有把汽油遗洒在赛道上的恶名。

有些赛道日的驾驶者会在下到赛道之前把备胎取出来，通常这是为了减轻车辆的重量，可这事实上意义不大，毕竟这不是比赛，而且虽然你减掉了几磅（1磅 ≈ 0.4536 千克）的重量，但有可能这几磅的重量却是你需要的。记住，尤其是你驾驶的是公路版运动型车，厂家花费很多钱才把车辆打造得尽量平衡，你对它进行过多粗暴的处理可能是愚蠢的。

对于轮胎气压，也是类似道理。关于轮胎气压人们讨论更多，在赛道日所有讨论的主题中，关于这方面的伪科学也比其他领域更多。要检查胎压，但不要和厂家建议胎压相差太多（详见第 12 章）。并且，总是用同一个胎压计来检查胎压。你很难保证胎压计百分之百精准，但你能让四个轮子完全一致，一致比精准更重要。

有些组织方可能会要求你安装上拖车钩。如果是新车，你可能还要参照手册来找到它保存在哪里以及怎样把它安装上去。还有组织者会要求你把车灯用胶条贴起来，以免发生碰撞时破碎的玻璃洒落到赛道上。这些事项都应该在你参加前弄明白。

既然我们说到用胶条，你会发现在下到赛道前很多人会用胶条把他们的车牌号挡住，让人们看不清自己的车牌号。有些人认为这很重要，但说实话我实在看不出有什么理由。你参加赛道日也不会影响你的保险，因为日常的保险本来也不大可能包含赛道日（详见第 10 章）。

有些人说是因为牌照可能会被复制套牌，但在赛道上驾驶而被套牌的风险也不一定比在公路上大。当然，如果他们驾驶的是公务用车或者租赁的汽车，或者是别人的车，那就是完全不同的事了。

巧合的是，在赛道日你很少会经历任何形式的车检（虽然我听说在美国有这样的情况）。原因很简单，如果组织方对你的车进行检验来确保它在赛道日是安全的，那么万一发生了严重的情况，当时给予这辆车通行许可的组织方就需要承担一定的责任。很显然，应该是你自己确保自己的车不会散架、掉轮胎、漏油等。这不但是保证自己的安全，也是保证其他赛道驾驶者的安全。但也要注意，大多数组织方仍然保留把任何危险的驾驶者驱逐出赛道的权利。

→ 最好在整个赛道日时常检测胎压

← 带上一套好用的工具以及制动液、机油总是值得的

至于说要带什么工具或耗材，这取决于你准备要做什么程度的维修。没有规则规定你要带上所有的工具，但有些工具在手边显然是很有用的。比如说，你可以带上一套比较全的扳手、一套比较全的套筒、一个扭矩扳手、一个轮胎扳手、一个压缩机或者脚踩式打气泵，以及胶带、绑扎带、卡箍、螺栓螺母、制动液、机油、水等。如果没有维修区车库并且又在下雨，防水篷布就可以用来在你下到赛道时把所有工具遮盖住。

放松，小老虎

如今的赛道日，几乎毫无例外要求你进到赛道的最初几圈时，车辆排成一长队，很慢速地驾驶来熟悉赛道，有人把这戏称为"鸭子学步"或者"打水漂"。一辆教练车在最前面，带着整个车队跑两三圈，以确保所有人都熟悉赛道的情况。这里有个提示就是，简报一结束就赶紧排到维修区的最前面。你距离教练车越近，你越能看清教练在赛道上的走线，尤其当赛道上没有用桩桶标识出最佳线路时，这能带你确认正确的路线。

你还应该利用这几圈熟悉场地的时机来找到管理者岗亭的位置，留意缓冲区位置，以及检查赛道的路面状态。因此，这既是热身圈更是"侦查"圈，确保你对场地有全面的了解。但也不是所有组织方都会提供熟悉圈，有些会提供几圈黄旗时间，还有些就直接放你们进入赛道。

不论哪种形式，你都很快就能自由放飞了，这是真正乐趣的开始，但也是你要更加冷静起来

↓ 熟悉赛道圈：在你能自己独立进入赛道前，跟在教练车后在赛道上跑两三圈的"鸭子学步"是常态

↑ 每次你参加赛道日都值得预订带有教练指导的几个练习圈，即便你是个有经验的赛道驾驶者，赛道驾驶也总有太多新内容供你学习

过于在乎你的自尊心。如果一辆车比你快，让它过去就行了。你需要做的，只是集中精力，慢慢提高你自己的圈速。你的保时捷有可能会被一辆Metro超过，但可能是因为那个驾驶者有着丰富的赛道驾驶知识和经验，在这样的赛道游戏里这会弥补车辆自身的短板。

对绝大多数赛道日新手来说，赛道是一个陌生的环境，这里没有了普通的参照物，比如树木、篱笆、辅路、对向车道等，但这却是赛车手眼里的全部。给你自己时间来适应这些，还要记住，只要你留意你的后视镜，并且保持在直道的右侧（如果你那天的赛道日是左侧超车的话），那你就爱开多慢就开多慢吧，没人介意你的龟速前行。

开始时慢慢进入状态的要求不止是针对新手的。赛道的路线可能永远也不会变，但路面提供的抓地力可是会变的，而且经常变化。赛道上遗留的橡胶就会让轮胎抓地力增加，但如果你偏离了正常线路（路面橡胶变少）就会变得滑一些。秋天，赛道上还可能有湿的树叶，如果之前下了一晚上的雨，你还要考虑到赛道还有未干的积水。另外，不经常使用的赛道在赛道日刚开始时还处于"未开光"状态，抓地力也不足。

因此，在你开始的几圈有很多东西要考虑到，预订带有教练指导的练习圈绝对会有帮助。

指导

如果可能，在赛道日开始阶段得到一些教练的指导是最理想的。好的组织方随时可以提供教练，他们可以坐在你的副驾，陪你练习大概20分钟左右。这可能会收取一些费用，但通常不会很贵，有些赛道日甚至免费提供教练。有时，你要在赛道日之前预订带有教练的练习圈，但你值得这么做。实际上，如果你是个新的赛道驾驶者，在教练指挥下的练习圈的车速，远比对车辆进行各种速度改装提升得更快。

而且，如果你真的是赛道日新手，在你确定要参加赛道日之前，能提供的教练水平和收费可能是你更值得去考察的项目。问问教练是否具备ARDS资质，这个资质意味着教练是否具有赛车学校联盟认可的水准，这就能判断他是否具有赛手标准。通常你会发现他们都具备该资质，特别

的开始。我知道，经历各种形式的填表、简报、胎压检查，你都有点不耐烦了，但你还需要明白赛道日是一天的时间，你没必要因为前五分钟的琐事而发火。

赛道日上绝大多数的事故，都发生在当天刚开始的时候。这基本上都是因为驾驶者进入了不熟悉的赛道，以及冷的轮胎及制动系统或者完全冲动的行为（如果你知道他们绝大多数驾驶时间都是在路上拥堵着就理解这冲动了）造成的。保持冷静的技巧就是不要让自由控制了你的头脑，而是要慢慢提升你的车速，并且不要强制自己需要追赶上其他车辆的速度。

这是很重要的。在赛道日的前几圈，不要

是在 ATDO 成员组织的赛道日上。

通常，ARDS 的教练都是赛车手，在业余时间打零工挣点零花钱。有意思的是，不少很知名的职业赛手也会来指导赛道日。如果幸运的话，甚至一个知名的房车赛或 F3 赛手就坐在你旁边。

但如果坐你旁边的是一个你从来没听说过的人，也不用失落。一位福特方程式的赛手或者从来没参加过比赛的人，也没有理由当不好教练，或者比不上某个当红的 F1 赛手指导得好。实际上，赛道日上最好的教练往往是非常不成功的赛车手；反过来，最好的赛车手有可能是非常糟糕的教练，这也的确是事实。

可能这和性情有关，毕竟，一名好的教练最关键的要素就是耐心，我猜这可能不会是赛车神童培养学校特别看重的心理素质。

在不多的赛车手身份的教练身上我注意到一个问题，他们看上去不太理解你为何不太热衷于把你的发动机转速时刻逼到极限位置，以及为何不在每个弯角把车辆逼向极限。甚至我参加的一个赛道日，全场唯一一次有车辆冲出赛道，竟然就是在某个教练坐在了驾驶者旁边时发生的。当然这是非常非常少见的，但不要让坏苹果影响了你的心情。用你感觉舒适的速度去驾驶，按照你的肾上腺素感觉适合的车速去开。

另一个评价教练水平高低的要素，就是他要

↑ 准备出发：在最终进入赛道之前，管理员会在维修区通道的尽头检查手环

具有让人放松下来的能力。对于新手，紧张是最普遍的问题，造成的结果就是双臂僵硬和指关节僵硬，导致不能正确控制方向盘。在你感觉紧张时，好的教练会察觉出来，并尽他所能让你放松下来享受你真正的赛道日。

有些教练还能从驾驶者中发现天才——天生的赛手材料。这并不常发生，但的确偶尔会发生，我就被告知过，但并不是很多教练会告诉你。

更多情况下，在你跑圈时教练员只是坐在旁边，指出正确的走线，给出评价，提示你使用正确的档位。如果你的车噪声很大，教练会尽可

能通过手势来指导，并在回到维修区时马上做出一个完整的总结。当然，有些组织方会在头盔上装配有漂亮的内置对讲系统，这也是个很好的解决方案。

接受教练指导并不只是针对新手的，很多有经验的赛道驾驶者在第一次来到一个新赛道时都会预订一个教练时段，或者他们也会为了提升自己的赛道技术而预订教练。有些人（其中还有些著名的赛车手）甚至会为赛道日预订全天教练，因为具体到赛道驾驶的领域，总有很多新的内容需要学习，即便那些非常知名的教练也承认这一点。

↓ 在赛道日上经常留意后视镜是非常关键的

有时，如果你希望看看其他人如何驾驶你自己的车，你可以考虑让教练来驾驶，你坐在旁边的副驾驶座。这可能会真正让你大开眼界，展示给你无尽的可能性，并且给你自己树立一个目标。绝大多数人会惊讶于一个顶级的赛车手能够以多高的速度把这辆车带入弯中，看上去他们毫不费力却获取了如此高的车速，因为一个好的驾驶者经常能用最轻描淡写的方式把各种困难化解于无形。

而且，因为很多教练都是赛车手，他们对各种不同类型的车有非常非常丰富的感受。这是个理想的机会，你能让自己的车辆性能获得中肯的评价，并获知你该对它们做出怎样的改进。

然而，尽管有着这些优势，很多人就是不希望接受指导。当然，这是他们的选择，从一开始就完全依靠自己，从自己的错误中成长也不是完全没有道理。唯一的问题是，经过长期证明，这是个代价更高的方法。

更令人担心的是过于自信的问题。很多赛道日驾驶者甚至还是新手，就觉得自己已经到了独孤求败的境地，没什么可以学习的了。要知道，谈到赛道驾驶，每个人都总有要学习的东西，那些不承认这一点的人，往往是比绝大多数人还有更多内容要学习的人。在你的驾驶中保持自信是好事，但过分的自信会导致错误和事故。

可问题在于，没人喜欢他们的驾驶技术受到批评，不是吗？我们英国的大多数人都在17岁的时候取得了驾照，对我们来说驾驶就像走路那样自然，我们很多人的血管里好像就流着汽油。因此批评一个男人的驾驶技术，是很伤人自尊的事情。

但如果我在赛道上出了错误，我会希望知道错在哪里，很多其他人也如此。实际上，甚至顶尖的职业赛车手也会接受教练指导，不会拒绝接受技术上的建议。他们可能不会经常讨论它，但如今的确不少F1赛车手也靠驾驶教练来指出自己哪里出现了错误。所以，请放宽心，在请教练上花费一点小钱并不说明你的驾驶能力有问题。

后视镜、信号灯、操控

有些教练会做的一件事就是帮你接管对后视镜的注意力。初衷可能还是要帮你留意后视镜，以便你可以将精力集中在前方的赛道路面上。但这样做的问题就是，你应该从你的赛道日生涯一开始就培养尽可能多关注后视镜的好习惯，所以，你不该暂时把它忘在一旁。但无论如何，你必须确保你和教练两个人明确由谁负责关注后视镜。

虽然无需多言，但在赛道日上留意后视镜是非常关键的。即便这里整体上要比真正的赛车安全得多，但这里也有大多数真正的赛车场面里没有的东西，那就是不同车辆性能之间和不同驾驶者技术之间的巨大差别。有时候，其他车可能在你还没有注意到时就已经超越了你，他们几乎是瞬间就从旁边的空间弹出去，所以你要时刻保持机敏，尽可能地经常扫视车内后视镜，以及车外两侧的后视镜。

半躺坐姿的特殊车型，以及使用摩托车发动机的原型车，会有悄悄潜入你后视镜盲区的可能性。在它们以你车速的两倍速度超过你之后，那模糊的低矮车身色彩和嘶吼的高转速噪声才是你对它们几乎唯一的印象，这就自然会引出一个关于赛道驾驶的古老而棘手的话题：超车礼仪。

↓ 这辆莲花展示出了良好的礼仪和恰当的操作，在大直道上它靠边以便更快的车通过

礼仪和超车

在赛道日上出现超车时，超越者无疑是要承担责任的那个。由他们决定做出行动，但也只能在允许超车时才能行动。但是，这也不是说你就可以压着后面一长串的车慢悠悠地跑圈，这肯定会让你迅速成为赛道日上最不受欢迎的驾驶者。

留意你的后视镜，当一辆快车从后面赶上来跟在你的后面，在直道上靠边（在赛道日简报上会告知应该从哪一侧超车，在英国通常是从左侧超车）让快车通过。有时，只有前车做出让车动作时才能超车（这也会在赛道日简报上说明），前车只有打开转向灯并靠向一边时后车才能超车。如此看来，超车似乎很顺畅，但你仍然需要小心，因为有些特殊的车转向灯不能自动取消，驾驶者如果因为紧贴着耳朵的头盔以及发动机的噪声而忘记关掉转向灯，在后面的跑圈过程中他可能完全意识不到自己的转向灯一直继续闪烁。

但重要的事情就是记住让别人超越。在刚开始的阶段你可能会感到不安，看起来好像你在一直挡着别人的路，尽量不要让这种想法困扰你。同样的，即便留意后视镜是重要的，你也不要太关注后面的车，你和那些更快的车拥有同样的使用赛道的权利。所以，你虽要留意后面的车，但也不要让他们扫了你跑赛道的兴致，也不要破坏了你对前方赛道保持的注意力。这实际上是个平衡，但有些人却做得很不好，尤其是那些开着性能很好很贵的车却开得很慢的驾驶者。你

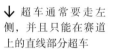

↓ 超车通常要走左侧，并且只能在赛道上的直线部分超车

经常会看到这样的例子。

当你提升了自己的车速后，做出超车的就该是你了。你也该记住其他人可能没有这么自信，所以忍耐一下不要催促别人。前车是否在后视镜里注意到了你应该是很明显的，如果你不能确认，就先退回来。总会有下一个合适的大直道。

几乎所有赛道日组织方都会规定，在弯道处或者入弯前的制动区域禁止超越。换句话说，只有当车辆进入直道开始加速的时候你才能超车。这意味着当你入弯是头车时，你可以把所有注意力放在前方的走线上；这也意味着如果是一系列的连续弯组合，所有的车就会排成一个队列通过。如果你是在后面跟随的车，你可能会感到非常沮丧，尤其是当你是更快的那一个时。但这是你要去忍耐和适应的，至少要等到下一个直道的出现。

其至在一个弯道前你还可特意和前车拉开一点距离，以便你可以在没有前车妨碍的情况下做出更顺利的过弯。通过这种方式，在进入直道时你还能获得更快的速度，给其他驾驶者明确的信号：我更快，你应该让我超越。

有件事你永远也不应该去做，就是闪远光灯。对于场地赛的高手，在切入对手的内弯时用这招可能是有用的，但在赛道日上绝对没有使用它的场合。至少它显示了侵略性；最坏的情况，这会干扰前面的驾驶者，其至你也会尝到这造成的苦果。

作为利用赛道日来摆脱日常纷杂交通的人，运转良好的赛道日，交通很少会成为问题，听到

这个对你肯定是个解脱。允许同时进入赛道的车辆数量总是会有限制的，通常是接近于可容纳赛车的数量。通常，它们进入赛道也是按照间隔进入的。顺便说一下，维修区通道末端至少有一个管理人员，负责检查驾驶者和乘客的手环，并挥旗允许他们进入赛道。

有时，速度差不多的一些车会形成一个小队形，整体上队伍的所有车辆都会跟随头车的线路并且会不自觉地学习到它的坏线路。所以要留心这一点，按照自己的感觉来驾驶，而不是跟随头车。如果你发现自己处在拥挤之中，你可以考虑把车速降低，和前车拉开一些距离，在拥挤的队伍中给自己的车留下一些发挥的空间，就像F1排位赛中的车手那样。

如果你是赛道日新手，在赛道日一开始你可能会感觉到手忙脚乱。第一个小时总是会紧张的，因为每个人都希望从伦敦高速环线的拥堵中脱离出来，尽快进入赛道。不要让这影响到心情，因为这很快就会安顿下来。但如果一开始的确有些过于拥挤而感觉不是那么舒适，甚至看上去有些疯狂，那就等待大约一个小时，随着赛道日的进行，情况就会变得没有那么让人紧张。

再说一下，如果你因为机械故障而不得不大幅度降低车速，尽你可能不要挡住其他车的线路，并且让别人知道你遇到了问题。例如打开双闪警示灯，或者如果你的车是敞篷的，就扬起你的胳膊，这是赛车手使用的方式。如果车辆在赛道上完全停下了，留在车里不要出来，除非它起

火或者处于非常危险的位置。绝大多数情况下，在其他车仍在呼啸而过时不要打开发动机舱盖试图修理。

旗语

如果你挡住了其他车很长时间，很可能你会被管理人员出示蓝旗。绝大多数赛道日都会使用黄旗，来表明前面出现了危险状况，它应该看成是降低速度的信号，当然并非立刻就要突然制动，而是要从后视镜里观察后车的状况，因为后面的车不一定注意到了黄旗。在有些赛道，黄灯也会作为黄旗的补充措施而出现。

红灯也类似，它意味着这个赛道练习时段被停止，你需要立刻降低车速并返回维修区。你不能把车停在赛道上，除非你被出示信号要求这样

↑ 逮个正着！在弯道里超车通常是被禁止的，这辆保时捷的驾驶者很可能会被召回到维修区并因为这个操作而遭到训斥

↓ 如果你被慢车挡在后面，你要保持耐心并等待，直到它让你通过，或者你放慢车速以便和前车特意留出一些空间

旗语

大部分赛道日都会使用赛车比赛中的旗语体系，MSA（英国赛车协会）蓝皮书中有详细的列举。赛道日中可能会用到的最重要的旗语包括：

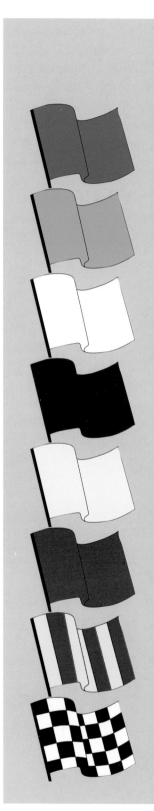

蓝旗

超车旗：后面有更快的车试图超越，在直道靠边行驶让后车通过。

绿旗

前面的赛道已经清理干净，尽管开吧。

白旗

前面有慢车，小心这些教练车。

黑旗

你做了什么组织方不喜欢的事情，你得去谈一谈了；或者有什么东西从你的车上掉下去了。不论什么情况，你都需要返回维修区。

黄旗

危险信号：马上减速，当然要在注意到后视镜的前提下。

红旗

练习中止，立刻降低车速（留意后视镜），返回维修区。

黄/红条纹旗

湿滑路面，路面有油或有雨水，或者其他东西在赛道上。

黑白格子旗

练习结束，玩耍结束的时间到了，该冷静下来了。事实上的确是要冷处理一下，放慢车速让制动系统的温度降下来。

做。另外一个你可能会遇到的旗语就是黑旗，情况可能是你过于淘气，或者有零件从你的车上掉落，或者你的车在漏油，等等。如果有人向你摇黑旗，就尽快返回维修区，并去赛道控制中心或者类似的地方，你可能要接受惩罚或者解释你的车出现了什么问题。

红黄条纹旗也经常使用，这意味着前方路面湿滑，当然也在赛道日上用来提示前方路面上可能会有什么东西，比如说从车上掉落的排气管。我在一次赛道日上甚至遇到了一头被撞死的牛躺在赛道里。大部分旗语都是基于赛车比赛中的使用方式，所以值得记住它们的含义（详见旁边的图示说明）。

练习结束

赛道日上你肯定会看到的旗语就是黑白格子旗。这标志着这段练习时间的结束；如果是在开放的赛道日，这意味着午饭时间到了或者整个赛道日的结束。顺便提一下，在开放式赛道日，你自己应该把控好节奏，每隔一定时间就让自己和车辆都休息一下。这实际上是个常识，因为你不应该冒险用尽自己的燃油、制动片、注意力。但当你要离开赛道时，确保你的意图表达得很明确，可以通过信号灯，如果你的敞篷车没有信号灯，可以通过挥舞胳膊。

当你决定要休息一下或者旗语提示练习结束时，最后这一圈要放慢速度，不要着急，把这一圈看成是车辆的冷车圈。尽可能少地使用制动，让它降温。如果还有其他车辆仍然在跑圈，确保避开主要的路线，之后把车辆驶离赛道。如果你在维修区有车库，把车停放好，没有的话就停放在维修区通道。千万小心不要驶过你的维修区车库，因为在绝大多数赛道上，维修区通道都禁止倒车，你只能再绕赛道一圈才能停入车库。有些赛道经常会在维修区的末端有个便捷通道，能让你快速返回维修区车库。关于维修区通道还要注意的就是不要把它看成赛道的一部分，必须把车速降下来。

一旦停好车，重要的事情就是不要拉驻车制动，也不要把脚停留在制动踏板上，因为这会让制动片融化在制动盘上，或者让制动盘扭曲变形。

运行检查

在整个赛道日里，你都需要对轮胎气压和车轮螺栓进行频繁的检查。有些人建议在第一节练习之后马上做一次检查，之后再随机检查几次。如果你发现只有一个螺栓需要紧固，那么它很可能被扭曲了，应该更换掉它。而且，确保你在每节练习之前检查了机油和冷却液。你可能也需要留意轮胎磨损状况，尤其是你还需要把车辆开回家时。这部分内容会在第12章和第13章里详细介绍。

在赛道日结束前还有另外一件你应该留意的事情。由于有些人已经准备离开了，赛道日最后的一两个小时就显得没那么繁忙，赛道上没那么多车，这经常是你希望获得更快的赛道时间的最佳时刻。但这时候和赛道日最初的几圈一样，也是事故更容易出现的时刻。其理由也显而易见，这时候的你可能要比你自己感受到的更累，你的注意力比你想象的更不那么集中。每天最开始都有一段稍微混乱的时刻，在这方面各个赛道日都是类似的；而结束前的这段时间你显然从最

初的谨慎中完全脱离了出来，有可能这时候你也消耗光了你的肾上腺素。你该考虑一下，如果你意识到你并没有仔细紧盯住每个弯道而只是把眼神集中在前方的赛道上，那你可能就已经无法保持专注了。一个常跑纽博格林的驾驶者告诉我，如果你开始欣赏赛道路面上的涂鸦（这是北环的一大特色），这就是你该结束这一天练习的时候了。这是个极好的建议。

我个人也总是拒绝"再跑一圈"的诱惑。对我来说只要我决定今天该到此结束了，那我就会结束。我最后一次没有拒绝"再跑一圈"的诱惑是在Brands Hatch的赛道日，我随后就遇到一辆标致106在Paddock Hill弯的底部打转，而它就在我的前面旋转着横向滑出赛道。我差一点就没躲开它。

就像要确保车辆的各种液体都保持在高液位一样，也要确保你自己保持高昂的精神状态。赛道上你很容易遇到脱水的问题，但你却很难意识到，所以最好和你的工具一起准备几升的水。至于说食物，少量定时是我的建议。午餐区里那种油炸食品看起来虽然诱人，但你肯定不希望在下午高速跑圈时会无精打采。

一旦你完成整天的赛道日练习，车冷却下来后，就该是你开车回家的时候了。此时也要小心，因为你一整天都在以很高的速度驾驶，即便在高速路上你也会感觉有点慢，所以要留意测速表，也要小心路边的警察。据说他们中有些人在得知赛道日进行时，手拿测速枪专门守在赛道的外面。

← 黑旗意味着你的车出了什么问题，或者你的驾驶出了什么问题，你需要返回到维修区

↓ 在维修通道或维修区里你需要留意自己的车速，尤其当通道入口像Lydden的这个入口这么狭窄时

5

驾驶者的平台

驾驶者的平台

即便是公路上最快速的驾驶，离赛道带给你的体验也差得非常远。因此，在赛道日上当你坐到方向盘的后面时，你需要调整你的驾驶方式。你还需要理解你所驾驶的车是一辆什么样的车。而且，从一开始你就要忘掉参加驾照考试时被传授的一些东西。

现在终于来到方向盘后面了，你盼望已久了吧。我们先要检查自己坐舒服了没有，实际上，这可不是简单的过一两个弯，所以坐姿是非常非常重要的。你与方向盘和座椅的直接联系，会传达给你所感受到的来自路面的信息。所有这些信息都从轮胎和路面传递上来并通过方向盘的橡胶传递你，底盘重心的变化要通过你的臀部和背部来感受。如果你的坐姿正确，或者说是坐得舒适，你对车辆的控制能力就会得到很大的提升。

这看起来显得有点太简单了，可你会奇怪怎么有这么多赛道日驾驶者在这方面都没有做对。你会看到他们的胳膊直直地伸出去，僵硬地挺直，连肩膀都向前耸起；或者胳膊弯在一起，脸都快贴在了方向盘上，好像随时准备咬它一口。不用说，这两种极端的方式都是错误的，虽然我们得承认 20 世纪 60 年代的 F1 赛车精英们不少采用前者方式，可那时候的情况是不同的。因为通过更小的前部面积来减少空气阻力，所以转向力度也更轻。

但要谈到如今赛道日上的驾驶，你必须在两个极端之间找到适合的方式。原则是确保你的胳膊有足够的空间来操控转向，与此同时不用把胳膊完全伸直。在座椅上尽可能坐直，把你的肩膀紧贴在后面的靠背上，之用双手握紧方向盘的最上端。要记住，如果你希望感受到车辆的状态，你就需要和座椅有直接的紧密的联系。这时，你的胳膊应该仍然有一定的弯曲度，这样当你握住方向盘的九点一刻的位置时，你的胳膊会有更大一些的弯曲度。

另一个设置你座椅位置的方法是把你的胳膊伸直放到方向盘的上方，当你的手腕正好位于方向盘的上沿时，这时的位置就是正好合适的。调整位置，直到让自己感到舒适。确保你把方向盘转向180度时，你的肘部不会被膝盖阻挡。

你还应该确保，保持你当前的坐姿时你的手可以触到所有的控制按钮，你不应该让四肢的某个部分完全伸直才能够到它们。每个部分都不应该完全伸直。在完全踩下离合器踏板时，你的左腿仍然应该具有一定的弯曲度；同样的，你的右

脚把另外两个踏板完全踩到底时，右腿也应该具有一定弯曲度，这样你才能全力踩下制动和加速踏板。另外也要检查是不是能够轻松地把变速杆挂入任何一个档位，是不是能够轻松够到所有重要的开关。

既然我们谈到了控制，在踩踏板时要使用前脚掌的部分，因为这里不只是更强壮的，也是更敏感的部位。理想状态下，如果你的车有针对左脚的休息踏板，那就可以使用它，这不但能帮助你改变在离合器踏板上休息的习惯（这可能会损坏你的离合器），还能在过弯的时候帮你支撑身体的平衡。

你选择的坐姿要尽可能的舒适，这还能帮你避免疲劳，所以是非常关键的。你可能不是很重视这一点，但疲劳很可能会俘获到你甚至把你踢出局。当你绕着赛道跑一整天时，你会惊讶于这会有多么疲惫。而当你疲惫时，你很容易失去专注力。

转向

至于你的双手应该握在方向盘上的什么位置，你可以选择九点一刻或者十点十分的位置。

← 胳膊稍弯曲，保持尽可能笔直的坐姿，这才是正确的坐姿，但你也要让自己尽可能舒适

↓ 双手应该握住九点一刻或十点十分的位置，这绝对是最正确的姿势，在赛道驾驶时你的双手可以尽可能少地交换位置

前者是更普遍的握法，这时大部分人会把大拇指贴在三辐方向盘的左右辐条稍微上一点。

重要的事情是，你在赛道上的几乎所有时间，你都应该让你的双手保持现有握住的位置不变，所以你该忘掉驾校教练教你的怎样交换双手来转向的事情了。

把你的双手固定在方向盘上，这会让你对方向盘的控制更加精确，因为这会在你双手的运动和车轮转向之间建立起直接的关联。更重要的是，你始终知道方向盘的什么位置是指向前方的，当你的车在某个时刻突然有失控趋势时，这是非常关键的。

在发卡弯你甚至可以双手转动至交叉来转向，这在驾校可是绝对错误的姿势，在实际赛道驾驶时对很多人也不那么实用。很多人还是会改变双手的位置，假设这是一个右转弯道，你可能会换到零点三十五的位置，并且确保一旦通过了窄弯之后立刻恢复到九点一刻的握姿。当然如果是个左弯，你可能会调整到十一点二十五的位置。也可以换一种更好的方式，根据左弯还是右弯，你将一只手始终保持在三点或九点钟的位置上，以便你依然掌握着哪里是正前方的参考。

如果你还是不能从换手的习惯中摆脱出来，要知道那些经历很多痛苦学习到的习惯确实很

难改变，你可能要在方向盘的正上方位置粘贴一个颜色鲜艳的胶条，以便在激烈驾驶时你至少还能知道指向正前方的方向盘位置。可能你也注意到了，很多改装运动方向盘都具有这样的颜色标识，通常是黄色，这还是有用的。

然而，最好的建议还是在所有的时间里保持你双手握住方向盘的位置始终不变，尽快学习和习惯于此是值得的。因为这样更精确，能获得更多反馈，而且这就是激烈驾驶时最正确的做法。

有一种情况你可能需要换手来转向，那就是当你的车辆已经失去常规的姿态，你希望前轮尽可能迅速地恢复到指向赛道正前方。这种情况下，有些驾驶者会松开方向盘让车辆的自动回正系统来帮助转向，这通常是个很好的方式，因为这会比驾驶者的转向操作更快。但这可不是简单的完全松开方向盘，一个好的驾驶者会让方向盘在自己的手中转动，必要时不断给方向盘施加一定的力度。这是在漂移时大量使用的技术，但在赛道驾驶时这只是个不到必要时刻不会使用的挽救手段。

另外一个在你握住方向盘时需要重视的事情是握法。对于赛道日驾驶的新手来说，指关节僵硬的握法是最常见的错误，这容易理解，因为它是紧张的表现。但你确实要尽可能地放松，因为

你的紧张会传递到车辆上，甚至让车辆在弯道中变得不安分。

并且，如果有什么预料之外的运动传递到了方向盘上，例如前轮轧到了路面的坑洼颠簸或者路肩，而你又在紧紧握着方向盘，当你感受到它的时候你就会发现你在对抗这运动，而不是让车辆顺其自然地从颠簸中恢复过来。

如果你握着方向盘的手没有放松，你很可能会抬高你的肩部。把这看成一个线索并且留意它，并且尽可能放松下来。这当然并不是那么容易做到的，甚至有些顶尖的车手有时候也会发现他们需要很努力才能让方向盘后面的自己放松下来，尤其是当他们处在巨大压力的赛车状态时。随着你参加的赛道日变多，你慢慢意识到这就是休闲和享受，不必有什么压力去表现自己时，你就更加容易找到身体放松而注意力高度集中的那种理想状态了。

另外一个重要的事情就是你应该"顺滑"，这是我们会一而再、再而三提到的词。在你转动方向盘的时候要有渐进性，而不是突然猛打方向。你应该给前轮轮胎响应你转向动作的时间，所以要顺滑而不是猛烈。就像其他对车辆的控制一样，转向是个过程而不是个开关，你总是要循序渐进地把动作进行到位。其他的控制，我们也会频繁提到这个词。

电影里的快速驾驶，所有的胳膊和肘部都在剧烈动作，就像鳄鱼摔跤一样。但实际上，你需要的快速驾驶是要温柔对待转向的。并且，你也要尽可能少地用到转向。奇怪吗？可能会，但道理就在于你越能够让轮子尽可能多地向前，你的车辆就会跑得越快。我们会在本章最后和下一章回到这问题的原因，但这里我们先把它搁置。

你要意识到，赛道驾驶就像生活中的某些事一样：置身事外时看起来无比简单，在电视上看起来更加简单，可实际上却是很难做好的。这就是为什么那些F1车手有如此高的待遇。实际上，大部分驾驶者要经过不少赛道日的锻炼，才能在速度上有真正的提升。而且不管你从哪里学习了多少知识，都替代不了实际的赛道驾驶练习。我希望这些内容能给你一个关于赛道驾驶技术的大体把控，但只有当你下到赛道中的时候，你的学习才真正开始。就像我们在本书前面提到过的，在有教练可用时接受教练的指导完全是傻瓜都该知道的事情。

我们下面讲的一些东西会自然融入到你的血液中，尤其是当你有了一定的驾驶能力，经常去感受车辆过弯时的速度之后。掌握这些内容，你不必过于担心如何理解那些深奥的理论，只要明白对你的车辆处于怎样的状态有基本的认知是有

← 方向盘顶部的黄色标识能帮你在激烈驾驶时找到车轮指向前方的位置

↑ 阻止这辆 Elise 从赛道的弯道中飞出的所有力量，都来自于四个不大的轮胎接触面，就是轮胎橡胶和地面接触的地方，细想起来有点吓人

用的即可。在车辆突然出现了你没预料到的状况时，你能立即思考并做出正确的动作，在下一次再发生类似情况时你就有更充分的准备。

接触面

在任意时刻，你在车里完成的每个操作，不论是制动、加速或过弯，都通过每个轮胎和地面接触的那一小块接触区传递到路面。通常来说这只有手掌大小的面积，我们称之为接触面。虽然面积很小，但它的确能够提供充分的抓地力让你完成各种驾驶动作，只要你不过于压榨你的轮胎。

你的轮胎通过这些接触面抓住路面，影响它抓地好坏的因素有三个。首先是摩擦系数（这和轮胎本身和地面的状态有关），其次是接触面的面积，还有就是施加在其上的压力，就是车辆施加给地面的力。因为我们在讨论驾驶而非汽车改装，前面两个都是固定不变的，所以车辆载荷就成了最重要的因素，我们后面会来讨论这个问题。

首先，让我们来看看轮胎抓住地面的方式。轮胎可提供用来制动或加速的（纵向）牵引力，以及过弯的（侧向）转向力。现在的轮胎是由橡胶制成，因为自身的弹性，上述两种力能同时

提供。这种弹性也会产生滑动。我们不用太担心纵向的滑动（这是当车辆在直路上加速或制动时发生的轮胎滑动），横向和纵向滑动通常表示为百分比，但你永远要记在脑子里的是，你无时无刻不在平衡这种纵向的滑动和横向的滑动。简单地说，你不能奢望有 100% 的加速性，也不能奢望有 100% 的侧向过弯性。但 80% 的横向力和 20% 的加速力更接近现实情况，我们在本书稍后的部分再回到这个话题。

我们现在该真正了解的是侧向力。要在接触面形成侧向力，你需要把轮胎从车辆前进的方向偏转一个角度。这听起来倒不是很难理解，我们之前说过，轮胎本身具有弹性，因此当发生偏转时，它们产生变形来抓住地面。如果你喜欢，可以简单地理解为胎面发生扭曲来抓住地面。这时有两个方向，车轮指向的方向（这是很明确的），以及接触面朝向的方向，就是车辆真正行进的方向。这两个方向之间的角度就称为滑动角。

滑动角

滑动角容易引起困惑。有些人认为它指的是当车辆在路上滑动时产生的夹角，有些人认为是方向盘转过的角度。但就像我们说的，它是扭曲

的接触面，就是车辆真正行进方向和轮胎指向的方向之间的夹角。

要产生一个滑动角，你需要轮胎产生侧向的抓地力。有趣的是，你首先需要轮胎产生一个滑动角来产生侧向力，但也需要一个侧向力才能产生滑动角，这就像先有鸡还是先有蛋的问题。

随着滑动角的加大，侧向力也会增大，这是个好事，因为意味着你能用更高的速度过弯。但，所有的好事都有限制，当轮胎发出大声尖叫之后它可能就会失去抓地力。

你能在轮胎产生最佳滑动角之时获得最大的侧向力，这一般是在 5 度到 20 度之间，取决于你使用的轮胎的不同。当超出这范围时，轮胎就会开始失去抓地力，刚开始很慢，但之后随着轮胎的弹性恢复到原始位置时会有突然的抓地力丧失。

当它处于滑动角的极限并超出滑动角时，轮胎会突然失去抓地，这基本上就让轮胎进入了打滑状态。在这个点之前就属于抓地力极限，这个点就是会出意外的点。但幸运的是，在失控之前会有一些征兆，主要是因为你可以通过方向盘、座椅感受到胎面开始在反抗了。更幸运的

← 滑动角是车辆真正行进方向与车轮指向（蓝色箭头）之间的夹角，车辆行进方向与轮胎接地面的指向（红色箭头）一致，轮胎通过变形来抓住地面

是，当你真的超过了极限点之后，轮胎也不是完全放弃工作直接把你放飞到碎石堆里甚至产生更严重的后果，即使真的超出了滑动角，在滑动的状态下你仍然能够驾驭车辆，之后随着橡胶和路面的摩擦造成了速度的降低，会把轮胎拉回到滑动角极限之内让它重新恢复抓地力。这听上去很酷，不是吗？

所有这些都是非常基本的知识，具体到轮胎

↓ 过弯时的惯性力使滑动角增大，轮胎将获得最大抓地力；突破极限之后，轮胎将进入滑动状态

↑ 当一辆车制动后入弯时，它的重心会前移，这被称为低头

↓ 当车辆加速时，它的重心后移，这被称为抬头，正如这辆漂亮的 BMW 3.0 CLS 所展示的，它正在 Santa Pod RWYB 赛道日上全力加速

如何工作，甚至是滑动角本身就可能需要花一本书的篇幅来讨论。在我决定使用滑动角这名词前我甚至想了很长时间，因为这可能会引发更多的困惑。从另一方面考虑，对于在最基层工作的橡胶如何工作有一些基本了解是有帮助的。如果你希望快速地入弯和出弯，就不能让你的轮胎超过能承受的负荷极限，这显而易见。

惯性

我真的也痛恨使用物理术语，但在下文我却不得不这样做。抱歉，但我尽量让它简单一些。当物体处在运动状态时，没有外力的话它不会倾向于停下来或改变方向；当物体处于静止状态时，它也不会倾向于运动起来。这种总体的懒惰性和缺乏创造性的特征就称为惯性。

在汽车里，我们无时无刻不受惯性影响。举个普遍的例子：当我们接近红绿灯的时候，我们踩下制动，我们会感受到车辆拒绝减速的态势。制动系统在使劲夹紧，让车辆减速，但上面巨大的车身仍然在试图保持之前的速度向前冲，这就造成了车头向下降低，称为低头。类似的，当我们加速时，又会有不情愿加速的趋势，这时车尾就会降低。

所有这些都会围绕着车身的重心动作，你可以把它想象成为理论的一个点，在这里可以完美地平衡这辆车。或者，你可以把它想象成为一个支点，可以把整个车身平衡地支起来。比如在制动时，因为在和路面接触的水平面上有对车的作用力，围绕车辆的重心就会形成杠杆扭转的作用，就会把车辆的受力中心转移到车头部位。

在赛道上也是同样如此。在赛道日，入弯前制动时重量就会纵向转移到车头，把车头更大幅度压到前轴上，而后轴就会相对更轻一些。在出弯加速时就会有相反的情况，尾部会向下坐而车头会向上抬，车头部位变得更轻。你不需要很大的动作就会造成车辆重心的转移，比如只是轻抬加速踏板就会造成重心转移。你可以在一个空旷的停车场用家用车试一下，挂上 1 档，轻轻加速，然后松开加速踏板，看看车头会如何下沉点头。

在弯道中也有类似的状况发生，但这里我们考虑的惯性通常会被认为是离心力。同样，地面对轮胎产生作用力，让车辆从直行状态改变方向，而这个力仍然会围绕车辆重心产生作用。

车辆速度越高或者转弯半径越小，离心力越大；车辆越重，轮胎就需要越大的抓地力来提供向心力，因为这力要让更重的物体改变方向。

重量转移

沿着车身前后方向和左右方向存在着重量转移的现象。虽然严格来说，重量只会垂直向下产生作用力，但这里也不会造成困惑，你要想开得快，就不要去挑战物理定律。之前我们提到过，有三件事对我们过弯时的轮胎必须获取的侧向向心力来说很关键：它的抓地方式、接触面的大小、施加的压力大小。当驾驶者在特定赛道日时，前面两个因素基本就不会有变化了，而施加在轮胎上的压力还是容易变化的。就像我们刚刚看到的，通过车身重量的转移就可以增加所施加的压力。

这看起来是件好事，在某种程度上也的确是件好事。但也有件事并不那么完美：在轮胎施加到路面的垂直压力和轮胎获得的摩擦力之间并不是线性相关的关系。随着你向轮胎施加更多的重量，你也会以更大的比例获得更多的摩擦力，这需要一个更大的摩擦角度，我们可能会以超过预期的速度快速接近并突破最佳摩擦角。

我们不能阻止重心转移，但如果可能，我们必须尽量限制它，更重要的是，要掌控它。如果一辆车在弯中处于极限状态，比如有轮胎正处在抓地力边缘，这时任何额外的重量转移都会让它突破极限。这是一个精确的平衡，任意额外的转向角度、离心力或重量转移，都会因为带来更大的摩擦角而破坏这平衡。然而，我们不能对重量转移改变太多，我们可以确保它按照我们预计的方式来转移，提供给我们对此更多的控制，而我们控制的方式就是平稳驾

驶。你要做的就是掌控重心的转移，并且你经常要利用它来帮助你过弯。

转向过度和转向不足

超出轮胎抓地极限时，它就进入滑动状态。其实车辆本身总会有滑动在发生，这是由转弯时悬架偏转本身决定的，而且车辆不同位置的抓地力也是不同的。这里的偏转是指车辆和弯道的关系。

↑ 当重心沿着这辆Clio的车身向前和向右转移时，我们能看到右前车身下压得非常厉害，而左后轮却翘起到了空中

← 转向过度基本上就是重心离开后轮的征兆，就像这辆Vauxhall 的 Chevette一样，之后再给这辆后驱车施加大油门就会发生转向过度，但大多数人都喜欢转向过度

所有这些都会导致转向不足和转向过度。这两个术语你会越来越熟悉，它们在过去这些年用得越来越普遍。如果你还不熟悉它们，可以这么理解：车辆尾部发生了滑动就是转向过度；车辆前部侧向滑动就是转向不足。

我们先来看转向过度，因为它提供了更多的乐趣。当尾部提供的抓地力小于前部的抓地力，尾部开始滑动，结果是车头开始更加强烈地转向弯心。这看起来好像是你把方向向弯心转动的过多了，因此称为转向过度。

当你向弯道里转弯，或者当你正在弯道中时都可能发生转向过度，因为制动造成的重心转移让尾部变得更轻，容易发生侧滑。可能出现在制动后入弯，也可能只是松开了加速踏板的松油式转向过度。实际上，你可以利用这种转向过度的优势，来应对可能会出现的转向不足，尤其是对于前轮驱动车型。

要控制这种类型的转向过度，你只需要通过车辆的加速让重心再次向尾部转移即可，这就会把重量转移回后轴，让后轮获得更多的抓地力，但你需要小心和顺滑的操作。

对于后轮驱动车型，你还可以在出弯时，通过迅速深踩加速踏板获取转向过度。这也是在后轮还在提供重要的侧向抓地力的时候，故意突破轮胎的极限。这叫作动力式转向过度，要控制过度，你只需要轻轻松开一点点加速踏板，当然也要注意不要太突然或者不要松开太多，因为突然的减速会把过多的重量从后轴移走，加剧转向

过度造成的滑动，甚至让车辆突然打转。

大部分人都知道，在转向过度时你需要通过把方向盘向相反方向打到底来消除侧滑，但这更多是驾驶者天然的反应而非思考的结果。其中的秘诀很简单，就是你要盯着你要去的方向而不是盯着车头指向的方向。我们后面会再来讨论这个问题。

转向过度可能非常好玩，但转向不足经常会令人沮丧。可是，转向不足却是在赛道日中更经常发生的。现代的汽车厂商总是倾向于把汽车调校成具有转向不足倾向而非转向过度倾向，因为对于不那么熟练的驾驶者来说，陷入到转向不足中是更容易控制和恢复的。

转向不足出现在前轮提供的抓地力小于后轮抓地力时，前轮就会向道路外侧滑出去。这就是说，车头会偏离你的意图转向的角度。在赛道日里，这通常是在弯道里加速太猛或者加速太早，并且动作也没有足够顺滑导致的。这导致了重量从前轮转移走。当然也可能就是由入弯的速度太快导致的。

很多初学者遇到转向不足时最容易犯的错误就是，他们会继续转动更多的方向，试图咬住弯道。这是个本能的反应，但却会让情况越来越糟糕。你需要和你本能向弯内转向的欲望做斗争。轮胎天生就不是设计在和前进方向呈现很大角度时工作的，通常来说，你转向的角度没那么大时，它的表现会更好。因此你真的要考虑完全逆本能的动作，反向打方向让前轮

→ 转向过度

→ → 转向不足

指向弯道外侧，让前轮重新获得抓地力，之后再继续过弯的动作。

你还需要降低速度，让重量转移到前轮上来，但你千万不要突然松开加速踏板。只是轻轻地松开一点，让车头恢复到预期的线路上来。这在转向不足中是很重要的，对于转向过度也同样重要，不要把加速踏板看作是一个"非开即关"的简单状态。你通常会发现，只要你稍微抬起一点加速踏板，就能很好地恢复车辆的转向，并不需要让车身重量发生剧烈的转移。否则可能会把你抛进突然而来的转向过度陷阱，甚至是直接打转。

有时，在动力强劲的前驱车上，你可能会发现它在弯道里出现转向不足，因为前轮出现了空转的现象。这就是一种"动力式转向不足"。在湿滑天气这比较普遍，上面的方法在此也适用，但同样，你在抬起加速踏板时也要顺滑。

当然也有中性的状态，在极限边缘会导致传说中的四轮同时侧滑，这时候车辆处于完美的平衡，四个轮子同时突破极限的边缘而滑动。在装配了现代轮胎的现代汽车上其实很难获得这样的状态，但如果四轮同时侧滑，就意味着你的驾驶接近了冠军级车手的水平，而且你的汽车处在最佳平衡的状态。在快速弯道中，你经常会过于追求速度而不是追求车辆的平衡，你就会发现以这种状态作为参考十分有用。

驾驶者的平台

我喜欢把所有这些称为驾驶者的平台。我们可以很舒服地坐在车里，通过方向盘、座椅来感受车辆和轮胎所处的状态。我们知道要挖掘轮胎的最大潜力，要利用最佳的滑动角度，并且我们也知道不能试着超出它们的极限。我们理解重量会在车身上转移，前后或者左右，我们可以利用它，比如在转向过度时稍踩加速踏板让重心转移到后轮以获得更大抓地力，或者通过稍松加速踏板让重心前移以克服转向不足。

我们拥有这平台，我们就在这舞台上进行表演，下面我们就该学习走线了。

↑ 这辆车看起来会维持向前的运动，即便它的前轮有着很大的转向角度，前轮轮胎实际上在向弯道外侧打滑，这时就是转向不足的状态

6

学习走线最重要

学习走线最重要

可能看不见，但不论在任何一个赛道，赛车线路都是最关键的因素。它们被谈论、寻找、保持。正确的线路是让你的车获得最快速度、让你的驾驶得到最佳发挥的关键。

某种程度上，在赛道上驾驶得很好的车就有点像轨道车辆那样，它们也沿着沟槽在走，只不过这沟槽是隐形的，并且要尽可能少偏离这个沟槽。这个隐形的沟槽就称为赛车线路，并且对特定的车来说，它就是针对这个赛道的最快线路。

你可能会想，既然赛道日是非竞争性的，我为什么还要去考虑这个被称为"赛车线路"的东西？事实是，尽可能遵循这个最佳线路，你就能通过赛道日获得更多的乐趣。你会感觉到你的车更快，而且它的确是更快了，所以你不用经常靠边给别的快车让路了。如果你整天都在让路，无疑会非常沮丧。

更重要的是，在赛道上偏离了最佳赛车线路的地方提供的抓地力更小，在电视上看过 F1 比赛的都知道这一点。在弯道中，各种小碎片和磨损下来的橡胶颗粒，会被不断经过的车辆"清除"到赛车线路的旁边。这意味着赛车线路之外的路面上抓地力会差很多，很明显要尽量避免脱离赛车线路。

经典线路

如果不是那些烦人的物理定律还有它们介入的方式，那么在赛道上最快的方式肯定是一直走在弯道的内侧，就像中长跑运动员那样。但在赛道驾驶时的问题是，这会让你的转弯更急，你就需要降低车速才能通过。但如果你采用了最大直径的线路，即便你通过这个弯的时间可能会稍微多一些，但在出弯时你具有更快的车速，这足以比一直走最内侧最短路线更划算。

这就是经典线路，有时被称为通过弯道的"几何学"线路。它描绘的是尽可能平滑的浅弧线，直径尽可能大。这个弧线，应该几乎触碰到赛道的三个位置：入弯点、弯心（apex）、出弯点。

为了更快的圈速，你希望这段弧线越平直越好，最重要的就是要尽可能贴近这三个位置。的确，赛车驾驶者通常距离它们非常近：距离弯道外侧的入弯点和出弯点只有几毫米，距离弯道内侧的弯心也只有几毫米。这就叫，他们用尽了

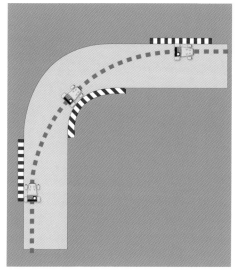

尽可能跟随最佳赛车线路是明智的，这不但能让你更快，也带你避开从赛车线路清除出来的各种垃圾

通过弯道的经典或"几何学"线路，展示了通过入弯点、弯心、出弯点的平滑弧线

路宽。

但我们这里要暂停一下。在赛道日上，你不需要在每一圈都去榨干每个 0.1 秒的时间，所以，你可以给你自己多留出一点点与赛道边缘的距离，而不必像真正的赛车手那样，特别是在入弯制动时。这样的话，当你到达桩桶附近时乱动了一把方向，你仍然有机会重回正轨，不至于在大直道上就因为有轮子压到了草地而引起突然的打转。

"用尽宽度"是在公路驾驶和在赛道日驾驶

这辆思域 Type R 在出弯时基本用尽了赛道宽度

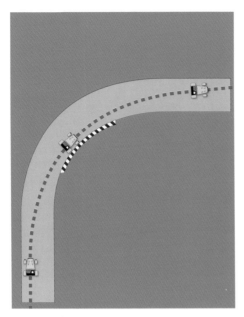

→ 经典线路用于快速弯中，在出弯的时候几乎没有什么加速度

→ → 正确的走线能在接下来的直道上获得更高的速度

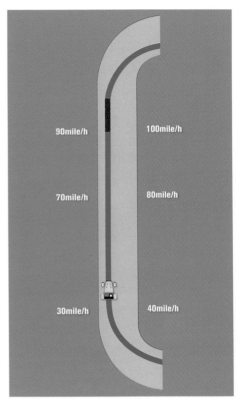

之间的最明显区别之一。如果你在公路上也这样开车，那么你最好希望你的车能瞬间缩小，尤其是当对面有大货车开过来的时候。

但回到赛道上，利用经典赛车线路通过弯道就是这样一个过程。你达到进入弯道的起点（入弯点）；转动方向盘以指向弯心（apex），这意味着切过了赛道的整个宽度，让弧线尽可能平缓；让赛车内侧轮切过弯心，这也是整个转弯的中心点；之后继续这个弧线驶离弯道。听起来非常简单，但还有更多要注意的事。

慢进快出

我们已知通过弯道的经典线路是最快的过弯方式，关于赛道日你还需要记住的是，它们发生在赛道上，而赛道，即便是最多弯的那种，也大部分由直道构成（至少是可以全油门通过的一段直路，为了简单，我们就称之为直道）。

那么很明显，要想圈速更快，你需要让你在赛道更多区域里的速度更快，那就是在直道上更快。这也意味着你要在出弯时的速度更快。你能尽快加速进入直线，你就能最终以更快的速度走完这段直道，一直到达它的尽头。

这里需要强调的是，虽然经典线路仍然应用在更宽更快的弯道，但在离开弯道的时候几乎没有加速度，用这种方式出弯对于赛道驾驶就是最大的问题。

回到我们的问题，要在直道上获得最快的速度，考虑下面的方式：你出弯并进入直道时速度是30mile/h（1mile/h=1.61km/h），之后持续沿着直道加速，直到到达下一个弯道前的制动区时速度已经提升到了90mile/h。但如果你出弯时有更快的速度比如说40mile/h，你就可能会以100mile/h的速度达到同一个制动区。好吧，你可能要稍微早一点制动了，但因此失去的时间相比你在整个直道上获得的时间是可以忽略不计的，因为相比一直加速的整个大直道的长度，制动区是很短的。

而且，在直道的任何阶段你都更快了。你看，如果出弯的速度是30mile/h，之后直道上相继各点的速度是70mile/h和90mile/h；如果出弯速度是40mile/h，之后同样各点的速度是80mile/h和100mile/h。当你在整个赛道上累加起这些优势后，你整个赛道的速度就快很多了。

明白了这些，你在弯道里应该做到尽可能早地加速。但在急弯中，因为轮胎还处在它们的抓地极限状态，任意附加的加速诉求都会让它们突

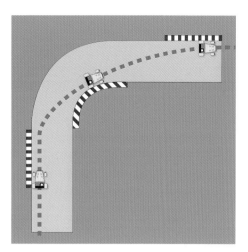

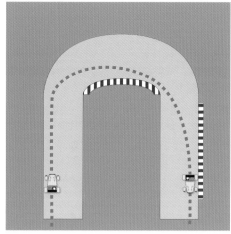

← ← 这个加速线路让驾驶者能够获得最快的出弯速度，更晚进弯，之后可以尽可能早地加速

← 在回头弯中，驾驶者经常进入更深的位置再入弯，牺牲弯道前半部分的速度，获取更快的出弯速度，这就是慢进、快出

破极限发生侧滑。要平衡这些，你需要稍微回正方向盘让它指向出弯点，用侧向抓地力换来向前的加速力（我们在下一章会更详细讨论这个问题）。这样，你就在出弯的部分，进一步提升了弧线的半径。

但如果你沿着常规的经典赛道线路这样操作，你只是用尽了赛道宽度，因此，你还需要修正赛车线路的前半部分，让你的车辆能够更早地以更直的线路出弯。这通常要更晚进入弯道，在弯道的前半部分牺牲一点速度。

我们来学习赛车手通过回头弯的方式，这是展示驾车线路的典型例子。弯道开始的部分，

车辆进入更深的位置再入弯，牺牲一些速度，在之后更急的转弯后就可以更早踩加速踏板。因为车辆以更小的角度指向了正确的路线，轮胎本身的转动幅度也更小，需要的侧向摩擦力更小，能提供更快的速度。

这经常会让赛道的新手感到困惑，他们都是带着这种假设来到赛道的：赛道驾驶就需要晚踩制动，并且在弯道中越快越好。不是这样的，你要做的是以最短的时间通过整个赛道。这种技术叫做"慢进快出"，我称之为 SIFO（Slow In Fast Out），你会太频繁听到它了，我们得给它起个简称。

↓ 这张照片完美地显示了驾驶者如何牺牲 S 弯前半部分的速度，让他们能够在后半部分获得更好的线路和速度

连续弯道

这种想法也可以应用到连续弯道上。比如，如果两个连在一起的弯道组成 S 弯，后面连接一个大直道，那么车辆通过第一个弯道的速度就应该有所牺牲，以便在第二个弯有更高的速度，并且最终以更高的速度进入直道。

你完全没有理由以很快的速度冲进第一个弯，之后才发现你必须做出速度上的妥协才能通过第二个弯。记住，所有你该关心的，是你进入直道时的速度。

观察一些赛车手如何通过 S 弯，他们通常展示了正确方法，你要注意他们如何牺牲了通过第一个弯道的理想线路，他们很晚才扫过第一个弯心，但这让他们获得通过第二个弯心的更好的线路和空间，让车辆更快地进入之后的直道。

但有时候以比常规方式更快的速度进入连续弯道的第一个弯也是值得的，尽管它后面也有直道。这只会是因为，之前有一个长长的直道，快速出第二个弯也不会带给你太多的好处，可能出弯后会进入下一系列复杂的急弯。可即便如此，获得的速度也通常没有慢进快出策略通过弯道后进入直道更显著。

有时，你可能需要把两个首尾相连的弯道看作一个来处理，可能把它处理成一个具有双弯心的弯；或者只是简单地忽略第一个弯心，集中对付第二个。关于弯道形式，有很多其他的变形，以不变应万变的方式就是记住，你需要获得最大的出弯速度进入接下来的大直道。

不同的尝试

但很多事情让赛车线路的选择并不总是这么简单，也不是所有的弯道都只有一个简单的入弯点／弯心／出弯点线路模式。比如，一些长弯可能有多于一个弯心，甚至一个很长的"弯心线"，这时在车辆向着出弯点拐出去之前，你需要让车辆一直贴住弯道的内侧。

有些车甚至会有不同于其他车的线路，尤其是大功率后驱车，在急弯处，它们的目标是要更早调用动力，以便发挥车辆动力的优势。这的确是值得你注意的地方，但在赛道日的最初，你最好还是遵循常规的线路，尤其赛道上用桩桶标记出了点时。之后随着你对赛道驾驶越来越有经验，再去试验最适合你的车辆的线路。

要记住的最关键的是，你要把整个赛道作为一个整体，考虑你的线路后续的动作。要记住，即便你不是在赛车，遵循赛车线路会给你更多的抓地力和速度，这也意味着你过弯的路线对其他驾驶者也是可预计的。因此，跟随赛车线路，你就会跑得很顺利。

↓ 在 S 弯中，我们的车在第一个弯晚入弯，以获得第二个弯的更好线路，从而更快出弯，并提高进入接下来的大直道的速度

↘ 有时把两个弯看作一个弯来处理是更好的，即把它看成具有两个弯心的单个弯

↘↘ 很难在这里体现实际的比例，若将车辆想象得更小一点，这时弯心就是沿着弯道内侧的一系列边界

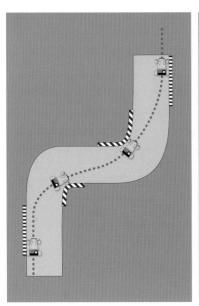
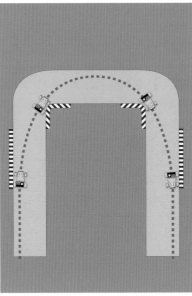
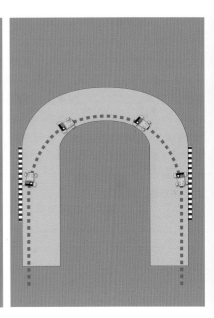

准备功课

在你实际去赛道之前，有很多种方式让你能够提前了解赛道的情况，其中一个真正的突破就来自于过去几十年来车载摄像机技术的发展。回到20世纪80年代，车载摄像机既沉重又笨拙，所以没有多少车载影像资料可供参考。如今，它们非常小巧，赛车的电视转播如果没有一点车载画面甚至都感觉不完整。

当然，不是所有的赛道都有能在电视上转播的比赛，但很多赛道日和俱乐部比赛的车手，会安装车载摄像机并且记录他们驾驶的过程。你经常能够在网上找到这些资料，所以在你开始你的赛道日之前，搜索一下这方面的资料是值得的。

你需要稍微留心分辨一下，因为一些高手驾驶大排量GT车型跑出的线路，或者带有空气动力套件的车跑出的线路，可能和你驾驶自己的标致205的线路有些不同。同理，也不要假设你看到的视频里的线路就是正确的。实际上，在著名的网站上有太多驾驶水平糟糕的影像视频，所以你要留神。

关于影像资料的另外一件事就是，它们很少能够反映出海拔的变化，这一点你应该记在心里。你不去体验一下 Brands Hatch 赛道的 Paddock Hill 弯，你可能永远也不会认识到它的坡度有多大。尽管如此，车载影像至少能够帮你找到赛道里的线路。假如影像比较新，还能从中看到赛道上的不同标记，帮助你在赛道日里规划线路。

视频游戏也有类似的帮助，与网络视频相比，额外的优势就是你可以实际动手操作，打造运动员的所谓"肌肉记忆"，以便你的大脑里有一个印象，了解哪里该有什么情况并且应该如何去应对。但是，电脑游戏也只能提供这么多，你当然不能太过依赖它们。你在 PS 游戏机上的 Donington 公园 Craners 赛道上跑出过好成绩，并不意味着你在现实生活中也能做得这么好。这可能看起来太浅显了，但我真的看过不少人因此栽跟头，就因为他们的确是这么想的。

也许预览一个赛道（我在尽量避免使用"学

↑ 注意 Folembray 赛道这个宽阔的入弯点

↑ 除非你真正去驾驶，否则你不会感受到 Brands Hatch 赛道的 Paddock Hill 弯 有多大的坡度

↓ 桩桶通常用来指示弯道的入弯点、弯心、出弯点

习"这词，因为只有你真正去赛道日才能真正的学习）最好的方式，就是研究赛道指导手册。在英国，某些赛道有很好的指导手册，也有针对欧洲主要赛道的类似指南书籍，其中包括了纽博格林北环。这类指南，把赛道拆分成带有标号的弯道，之后带你熟悉赛车线路，指出危险的区域和在哪里能够缩短用时。他们还提供了各种有用的信息情报，比如附近的住宿和加油站信息等。

但得到赛道第一手信息的最佳方式，还是把赛道指导手册的指导和细节，与直接的车载影像结合起来。我看过一个精彩的视频节目就做得了这一点，涉及的赛道包括 Oulton Park、Brands Hatch、Snetterton 以 及 Cadwell Park。把车载摄像头的视频和图像结合起来，赛车手兼作者 Mark Hales 展示了赛车线路，并且解释了应当如何驾驶，应该注意哪些问题，以及哪种线路可以更快、更安全。

有件事你该始终记住，在赛道日之前做准备功课时，即便利用以上提供的各种资料，你自己感觉很了解一个赛道了（实际上你不可能真正了解），也要记住所有这些可能都已过时。没有任何东西，比你真正进入车内，全神贯注地应对一个复杂的二档 S 弯更加让人头脑清醒的了。我们的建议，这之前也说过，就是开始时要慢一点，你就会少一些遭遇到令人不快的惊险的可能。

顺带补充一下，就像之前说过的，越来越多的赛道日驾驶者都开始使用车载摄像机来记录他们的赛道驾驶。感谢科技的进步，它们越来越小巧，画面和声音的质量也越来越高，而价格也没有你想象的那么高。它们也的确是你提高自己驾驶技术的很好方式，你能舒服地坐在沙发上，手里拿瓶饮料，来分析你激烈而快速的跑圈过程中没有留意到的细微错误。大部分组织方都会允许你在车内安装一个摄像头，只要它们能够安装牢固，当然你也要提前和他们确认。但是，乘客手持摄像机或手机拍摄绝对是不被允许的。我甚至在某个赛道日上看到有驾驶者被出示黑旗，因为他居然在跑圈时还试图自己拿着手持摄像机拍摄视频。看上去的确很搞笑，但是这种行为更令人气愤。

说说桩桶

大多数赛道的组织方都会用桩桶摆出赛车线路，经常桩桶的颜色也采用红绿灯的规则。你会在入弯点发现一个红色桩桶，在弯心发现一个黄色桩桶，在出弯点发现一个绿色桩桶。有时，赛道上只会摆上入弯点和弯心点的桩桶，也有些赛道日根本没有任何桩桶。有时候，在入弯点之前会通过桩桶甚至一个警示牌指示出制动区域，但因为不同车辆有非常不同的性能，这通常只是一个大概的参考。当然这是一个很好的方式，来显示禁止超车的区域，因为制动区域通常禁止超车。

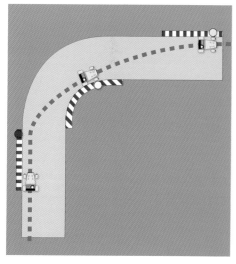

再补充一些机场赛道日线路的内容。机场上通常用桩桶摆出赛道，所以要用更大的桩桶来标记弯道的参考点，包括入弯点、弯心、出弯点，当然有时候根本就没有标记桩桶。在机场场地，通常会有更广阔的空间，可能也会有非常不同的赛车线路可以采纳，你可以获得各种不同的体验。

比如，你有时会发现一个弯道会通往一块巨大的柏油区域，而没有明确的出弯点。这就意味着，你可以采用一个非常早的弯心，然后你就可以充分利用出弯的广阔区域来加速。但你也需要记住接下来的线路，若你能够以截弯取直的方式通过弯道时，就没有必要去攻弯。在这种情况下，重要的是要提前规划下一个弯道，这也提供了机场赛道的另一种吸引力。

← 经常桩桶颜色会采用红绿灯的规则，入弯点用红色，弯心用黄色，出弯点用绿色

↓ 有时候用指示牌显示出制动区域，但这通常只是个粗略的指示，它们除了指示制动区域外，还用来标记出禁止超车的区域

眼望前方

在开始的几圈，桩桶对你找到正确的赛车线路是很有帮助的，但重要的是，任何时候都不要把你的视线停留在距离你最近的桩桶上。理由是在赛道上能够把车开快的最大的秘诀，就是要培养透过弯道看向远方的能力。

这样做的原因是要让车辆顺滑地通过弯道。你应该尽可能采用顺滑的弧线通过各个桩桶，而不是通过一系列短直线把它们连接在一起。所以，当你到达入弯点时，你的视线应该是通过弯心看到出弯点，集中在你希望车辆最终会去往的

↖ ← 在机场场地，出弯区域可能有非常广阔的空间，你就可以采用提前的弯心点来充分利用后面的区域，但之后你也需要决定什么时候让车辆回到线路上来，以规划下一个弯道

方向，而不只是这个弯的下一个部分。你还应该在脑海中勾勒出那条你要采用的通过三个点的赛车线路，不经过这几个关键点而只是把车开出弯道是没有意义的，所以在你通过弯道之前，你要尝试在脑海中看到这条线路。

这些是非常重要的，因为如果你的视线集中在你正在通过的桩桶上时，或者没有被标记出来的弯心时，你会发现只有在经过了一个桩桶之后你才会对下一个桩桶做出反应，这就破坏了车辆的平衡。你应该让车辆持续以自然的弧线通往出弯点，但你却不自觉地把弯道切分成了一系列小的操作组合，而不是延续着长而连续的弧线在走。

↓ 很重要的事情就是视线要穿过弯道或者一系列的桩桶之外，而不是盯着离你最近的桩桶

寻找你的线路

当赛道上没有桩桶时，事情就会稍微难一点了，但就像演员表演一样，赛道驾驶者也必须自己学会走线。并且，也像演员一样，有些人会学得比其他人快一些。真正的高手在赛道上选择走线时就像有第六感那样，并且在很多圈都能保持一致性。很奇怪有些驾驶者能做到这一点，我总是认为这是天生的。但如果对驾驶一辆车通过一系列弯道的非自然动作有深刻理解，就不像是天生的能力了，很可能他们是通过练习培养的。

有些人的确在打斯诺克方面有更大的天赋，他们看上去对角度有天生的理解，这是不是有些类似呢？而且，我有一次问一位相熟的赛车手是不是擅长桌球，他说他的桌球水平就是垃圾！好吧，可能没什么类似。

如果你是赛道新手，也没有桩桶能帮助你，那么请一个教练坐在你旁边练习一节或几圈会有明显的帮助。除此之外，你就要靠你的感觉以及你的练习了。你需要感觉车辆的轮胎发挥了多少性能。虽然本章开始时我们说过这条线是不可见的，但在很多情况下这并不是完全正确。你只需要在弯心和出弯点查看轮胎痕迹就可以，这些都是线索。这些线索也能帮你找到理想的线路。

开始阶段，你可以考虑采用尽可能晚的弯心，这至少意味着你有更多的空间来应对出弯的部分。之后，你可以慢慢地把弯心向弯道的前半部分移动，来寻找最适合你的线路。

你也需要考虑到坡度的变化和车轮的倾角。记住你的车需要制动并转向，这在赛道的上坡部分操作要比下坡时操作更好。并且，尽可能减少车轮负倾角的时间，因为在过弯时路面对车轮来说是从内向外倾斜的。

你如何能知道你的操作是否正确呢？凭感觉，这是最简单的答案。车辆会从弯道中快速顺滑地开出来，并且你也不会感觉到一直在和车辆对抗就能自然地准备好进入下一个弯道。另外，转速表也会说话（或者速度表）。如果你出弯时带着更高的转速（或速度）进入直道，那么你的走线就很可能比之前的更好。

你应该能够判断是否你弄砸了。如果你需要松开加速踏板才能保持在赛道上，那么很明显你接近弯心的时机就太早了；如果你出弯时在出弯点附近还还留出了太多余量，那么可能你就太晚接近弯心了。

顺滑的驾驶动作

如果说，在教别人如何驾驶得更快的过程中哪个词汇用得最多的话，那就是"顺滑"。这主要是因为如果你希望能够掌控车辆重心转移，并且掌控施加给轮胎的压力的话，一个顺滑的线路是非常关键的。如果说为了追求极限的速度，这会有很大作用；但对赛道日的驾驶者来说，他们不需要对圈速计时，然而一个顺滑的方式也会让车辆承受更少的压力。顺滑带来速度，这毋庸置疑。

但当你需要把你要做的一切都顺滑起来时，你还要让自己的操作更快，而这就是赛道驾驶的艺术之所在。的确，很多新手都误认为慢就是顺滑。你经常能够看到这样的例子，教练告诉他们要干净利落，但在他们自己尝试的时候还是慢了一点。他们制动过早，离开弯道之后才加速又太

晚了。如果他们是在追求速度，那真不是该这样玩儿的。

当然我们说过，如果这是你感觉到舒服的驾驶方法，没问题，毕竟我们在讨论的是赛道日的事情，最终是由你来决定你自己的赛道日该怎样做。就像我们说过的，赛道日最重要的是你有最大限度的自由。

减少使用路肩

赛车手经常会借用赛道的一些路肩，因为当0.1秒的时间对他们都很重要时，赛道的每一个毫米的宽度对他们也同样重要。但在赛道日，你没有压力去压榨那0.1秒的时间，所以不要对借用赛道路肩有太多依赖。

为什么呢？因为路肩被特地弄得有些颠簸，甚至会损坏你的汽车或轮胎，赛道的拥有者倾向于不鼓励驾驶者轧到他们精心修剪的草坪上去。不正确地轧到路肩，减振器会带动底盘振动。我有一次过于激烈地压过路肩时，颠碎了一片塑料面板。而且，赛道路肩通常都会涂有油漆，结果

↓ 在赛道上你可以借用路肩来抄近道，就像这辆 Llandow 赛道上的 MX5，但你需要问自己，冒着车辆损坏的风险去追求那 0.1秒的时间是不是值得

就会是非常滑，所以在出高速弯时轧到路肩尤其要特别小心。

即便这么说，你仍然会发现借用某些路肩是没问题的，而且弯道之后就会是非常开阔的区域，借用一点路肩是值得的。的确，有些路肩比较平，甚至和标记赛道边缘的压上去会轰隆隆响的白线差不多，这样的路肩不会对你的车造成什么损失。你可以先比较慢地通过这些路肩，这是最好的建议。

至于弯道内侧的路肩，如果你想抄点近路，至少在干燥的路况下，只要不是很滑就不会出现太大问题。因为车辆内侧轮胎本身就不承受太大

压力，对过弯的作用也不太大，它们可以稍微轧一些路肩。

但在赛道中那种强迫车手降低车速的减速弯，路肩就比较麻烦。在你直线对准它们开过去的时候，尤其是当重量还没有转移到车辆外侧之前，不要去轧到路肩。

还得记住，你不是在比赛，冒着颠碎一条轮胎的风险来把线路缩短去压榨那 0.1 秒的时间是完全没有什么意义的。对了，关于路肩的另外一件事是，当它们湿滑的时候就不要去轧，我们会在第 9 章讨论更多细节。

↓ → 在你高速借用路肩之前要想清楚。轧到比较平缓的路肩可能还没关系，但它们通常也会比较滑

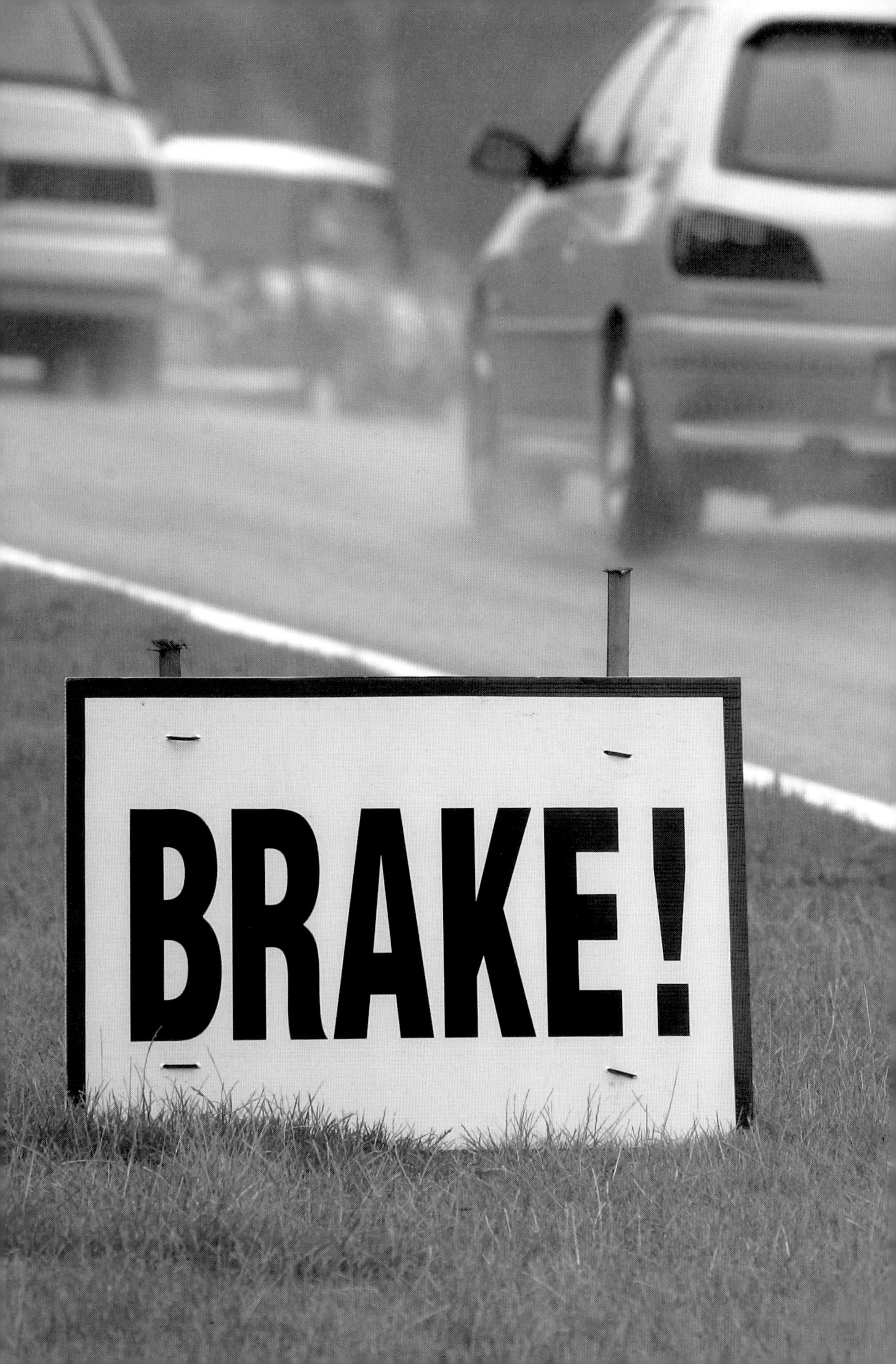
BRAKE!

7

学会怎样
加速和减速

学会怎样加速和减速

我们现在找到了正确的线路，但要提高圈速还有更多技巧。你还需要理解怎样正确地使用制动和加速踏板，之后还要了解一下你应当怎样换档的事。

很多人都怀着英雄主义的思想认为，制动应该尽可能晚。的确，"最后一个制动"是个理想主义者关于赛车的陈词滥调，伴随着的是赛车画面中一群车冲到发卡弯前，最晚制动的那辆车抱死的前轮伴随着制动的青烟脱颖而出。看起来不错，但即便在赛车中这通常也是低效率的，常常被视为绝望无助或过度驾驶的信号。赛道日不应出现这两种情况。

赛道日的组织者甚至会说，在赛道日里尝试晚制动造成的事故比其他任何情况都多。晚制动还会让制动片迅速过热。但有趣的是，虽然它借鉴自赛车驾驶的习惯，它却绝对会妨碍你做出更快的圈速。

让我们以 Donington Park 的短赛道减速弯为

例。在减速弯之后就是一个长达 700 米的大直道从维修区旁经过，直到 1 号弯。所以，你应该在这个大直道上更加持续地加速。同时，制动区域即便是在一条更长的大直道末尾，可能也只有50 米左右的长度，取决于车辆的不同。

很明显，在这 50 米的距离里你可能损失的时间，相比你在接下来的 700 米直线上糟糕的加速可能会损失的时间来说几乎是可以忽略不计的。如果你试图晚制动但把这个过弯弄得一团糟，结果就是之后的糟糕加速。所以，你在制动时快了 0.1 秒，但在之后的直线上会损失 0.5 秒。

但更重要的是，到最后的极限才制动，如果万一有什么事情出现了问题，留给你应对可能出现的麻烦的时间和空间都更少；或者如果制动系统有了衰减，你就很可能进入打转的状态，因为你不得不以过高的速度进入弯道。

即便如此，你也要避免陷入过早制动或过度制动的陷阱，这会导致你发现自己不得不在到达入弯点之前必须松开制动踏板。你需要正好制动到入弯点，以便利用重心转移到前轮时转弯。但作为新手，早制动明显要好于晚制动，之后再慢慢提高自己。

在赛道日上关于制动点有太多的讨论了，比如"在到达教练放置的桩桶之前我根本就不考虑制动点"，或者"那不算什么，我在看到路肩的油污之前根本不碰制动踏板"，别管这些，何况因为和别人比拼还易陷入事故之中。

真正重要的事情，不是你什么时候开始制动，而是你什么时候结束制动。好吧，关于你该什么时候制动的一个大体的概念是有用的，但你该把注意力集中在你该松开制动踏板的那个点，就是入弯点。这是一个更好的参考，你应该利用这个结束目标点来判断制动时机，而不是等到通过了某个标记点时再去踩制动踏板。

这是因为每圈都会有些许的不同，随着赛道日的进行，你很有可能改善你的驾驶技能，在之前的直道上能获得更快的速度，也能以更快的速度接近弯道，这就意味着之前所有的参考点都是多余的了。而且，我们也不要忘记制动系统在一整天的时间里性能上的变化。

所以，要抬头观察入弯点，并且判断你的制动时机和它之间的关系，判断你的车辆当下的

性能和入弯点的关系，但不要太在意制动点。尽可能利用它们，把它们作为一个粗略的向导，就像你在维修区的咖啡店，把店员的建议作为参考，但做主的是你自己。

说到参考点，你值得在一圈的赛道上找到几个这样的参考，来帮助你判断车辆的位置。例如，可利用路面上沥青的裂缝，或者与出弯点在一条直线上的一个建筑来帮你判断车辆在弯道部分路面宽度的正中心。显而易见，不要用摄影师或者观众作为参考点，因为他们经常会跑去喝咖啡。

直道上的制动

大部分赛道日教练会告诉你，要在直道上制动，至少在直道上开始制动。在制动时，你已经让轮胎在尽力"挣扎"了，最不该做的事情就是再让轮胎转弯了。

脑子里有了这个认识，当你在赛道日下到赛道时，尽量把制动作为一个和过弯完全独立开的阶段来考虑，是一个接近弯道前的阶段。之后你会发现你的技巧在提高，你可能会考虑带着制动进到弯道的入弯点，但我们之后再详细讨论这个事。

→ 如果你制动过晚，或者在制动时转弯，就很容易锁死前轮

↓ 重要的是操作制动踏板的渐进性，不论是踩下制动踏板还是松开制动踏板

还要考虑顺滑性，没过太长时间我们就又回到了这个词汇上来，不是吗？但这是事实，把它应用到你所有的操作中，你就成功了一半。如果你能做到顺滑而且快速，那么你就有些特殊的才能了。

当驾驶者谈论制动的顺滑时，他们用的另外一个词就是渐进性。你真的应该把你的制动踏板看成是一个有生命的东西。你惊吓到它，它就会咬人。所以要挤压制动踏板，而不是踩下去。你对制动踏板的顺滑操作会令车辆有更好的响应，但这不是说你的动作应该要缓慢。通过实践

↓ 精确换档比快速换档要更加重要

和练习，你就能够掌握快速而有渐进性的制动诀窍了。

在制动时，车辆重心向前转移，车辆更多压向前轮胎，当你开始制动时你希望的是让重心更多向前轮转移。要让重心转移为你服务。如果你突然踩下了制动踏板，前轮就会在一瞬间抱死，但如果先把重心转移到前轮上，它们就会提供更多抓地力，在大力制动时它们就更不容易抱死。这是很好的方式吧？

完美制动不止是掌握如何踩下制动踏板，更要明确如何松开踏板。直接松开踏板不是个好习惯，你需要渐进地松开。这么想吧，当你来到入弯点，突然松开制动踏板，重心就会突然从前轮移走。而慢慢松开制动踏板，车辆重心从前轮移开的过程中你就能对车辆有更好的掌控。实际上，能够渐进性并且快速地松开制动踏板，是定义伟大赛车手技巧的关键之一，也值得你花更多时间去练习。

我们后面会讨论带制动入弯的优势，但如果你只是在直道上使用制动，这也没什么不对。同时，你依然享受着同样多的乐趣和惊险，这才是最重要的事情。

加速踏板

你需要对中间的制动踏板非常敏感，同样对右边的加速踏板也需要精细的操作，哪怕是把脚从加速踏板上抬起也和踩下踏板一样需要渐进性。记住，任意突然的减速都会导致同样突然的重心转移，而突然的重心转移是你需要避免的事情。因此，你从始至终都应该避免突然松开加速踏板，而应该采用渐进性的方式。

很多新手都在加速踏板的控制上有问题。你经常能够在赛道上看见某些驾驶者把加速踏板就当成非开即关的开关。不应该是这样的。在完全踩下和完全不踩加速踏板之间，它还有非常多的位置状态，你要充分运用它们。

出弯时保持较高的转速很重要，就像你从起点出发时一样。在你看到出弯点时，要控制住一下踩下加速踏板的冲动。你应该顺滑地打方向，并且顺滑地加速来匹配转向，做好在出弯时或者进入直道后迅速升档的准备。

升档

刚刚我说了迅速升档，但老实说，在赛道日上你没有必要让换档动作迅捷无比。在真正的赛车比赛中也一样，准确的换档远远比闪电般的快速换档重要。实际上，五次闪电般换档节省下来的时间，很容易在一次错误的换档中完全丧失掉。

赛道日上，没有正确的挂上档不是什么大事，除了让人沮丧外。现在的车辆有了转速的限制，错误的换档也不会造成发动机的损坏。然而，这的确也让人烦恼，当你在通过维修区时错误的换档也有点尴尬。

但这在整个赛车过程中很容易发生，而且你也很可能要应对手感模糊的档位。毕竟这是在赛道上，而且你也可能会有些激动。但至少要尽量换档精确，并且保持专注。从弯道驶出看上去无比简单，你会想又一个任务结束了，但并不是这样，从弯道驶上大直道的过程中，你还要做出干净利落的换档动作。

你还要考虑换档时是否对变速器造成不良影响。它们维修起来可能会很昂贵，所以，你应该尽可能照看好它。要记住的最主要一点就是，要温柔地操作变速杆，对它要轻柔一些，不要像试图要折断它似的。比如，对于传统的 H 形档位，当你从 2 档升到 3 档的时候，用你的手掌根轻柔地把它推到位。从 1 档升到 2 档再到 3 档再到 4 档时，手掌从上面握住变速杆球头顺滑地操作到位，而不需要使劲抓住变速杆。我听到过的一个技巧是，尽量让弹簧自己来完成换档的动作，而不是强制换档。当然在大多数车上这都是适用的，特别是能够避免跳级升档这种让人恼火但又比较常遇见的问题——当你想从 2 档升到 3 档时，你可能从 2 档直接换到了 5 档。

赛道日上最奢侈的地方就是，只要你愿意，你就可以慢慢利用自己的时间，这也意味着你可以在直道上稍微"节约"一下自己的车辆。为什么不尽最大可能地使用车辆呢？没有规则规定你必须要压榨你车辆发动机的最后一点转速，所以你甚至可能会考虑避免进入最高转速区域。你的车的最高转速可能是 7000r/min，但如果你接下来的这周还要用这辆车上下班，你可能在自己心里制定的一个最高转速标准就是 6000r/min。这

会保护发动机，而且毕竟赛道日的乐趣更多地还是来自弯道。而且用尽最高转速也并不是真正最好的方式，你会发现最大功率往往是在比最高转速低一点的转速点出现，如果你把转速保持在这个区域，你车辆性能的发挥会好很多。

开着普通街车在赛道上，经常遇到的令人沮丧的事情就是，你会发现你很难为一个特定的弯找到一个合适的档位。这个档位要确保你的车辆顺利通过弯道。如果档位太低，转速可能就会太高，或者你就不能保持足够的速度来通过弯道；反过来，如果档位太高，转速就会太低，发动机动力输出就不够强劲。很多赛车能够调整变速器的齿比，目的就是达到这样一个点：你通过弯道的出弯点的时候正好是升档的最佳时机，但对街车来说这就更多需要妥协了。

如果你发现一个弯道正好处于理想的两个档位之间，那么你就应该选择更高的档位而非更低的那个档位。使用低档位，加速踏板深度的变化更容易导致剧烈的车辆重心转移，甚至在弯道中造成车轮打滑。

你还应当尽量避免在弯道中换档。如果这不可避免，在有些赛道中的确是这样的，那就要尽量确保自己留出了足够的掌控余地。记住，当你松开加速踏板换档时，重心会突然转移，让后轮失去一些抓地力。

实际上，几乎在每个赛道日，你都很快能发现某个弯道对你的车来说不是那么适合。但你要学着去适应它，并且享受赛道的其余路段。学会妥协，是开着日常街车参加赛道日必须接受的一部分内容。

降档

关于赛道日里的降档，我们给你的第一个建议是，在弯道前制动的末端降档。这其中的道理是不去影响已经从高速最大限度制动之后的车辆，不因降档减速带来更多的重心转移。

至于你是否应该顺序降档，比如 4-3-2，还是直接降到你需要的档位，这取决于你自己的偏好。即便这么说，大部分的教练会告诉你要顺序降档，很简单，因为这样更具渐进性，你不需要过于依靠制动本身就能比较容易地降到各个档位上。

不论哪种方式，你都需要非常注意自己的降

档动作。如果你降错了档，比如从 5 档降到 4 档的时候错误地卡入了 2 档，你可能会因转速过高而付出非常昂贵的代价。发动机转速限制可能也不会挽救你，因为你错误地降到更低的档位，会发现转速异常升高。

好吧，如果你对赛道驾驶是认真的，那你值得学一学跟趾技术。

跟趾

我一直在想，对于一个以赛车为主题的酒吧，"跟趾"应该是个很好的名字。但在这酒吧里，其中一个辩论就会是跟趾到底是什么，因为它的确是一个引起了很多困惑的词汇。你可以把它想成是"部分脚掌加脚跟"，这样就更容易理解一些了，虽然这对酒吧来说可能是个垃圾名字。

跟趾的目的，是在你保持右脚掌的一部分持续踩住制动踏板来降低车速的同时，把右脚向右滑动以够到加速踏板，来轻轻"点"它一下。你的右脚做出这些动作的同时，你的手上同时操作降档动作，当档杆正处在空档的时候，脚下正好"点"在加速踏板上，之后挂好档，左脚松开离合器。

但为什么要一起做呢？当你最大力度地制动时，你最不希望做的就是再朝减速的轮胎上施加额外的减速力度。因为这时的制动力已经是最大的极限了，额外的制动力度就会让轮胎抱死。但如果你在这时降档，就会带来某种程度上的发动机制动效果，这额外的减速力度就会造成轮胎抱死。站在赛道日的发卡弯旁边，你会经常看到和听到轮胎抱死的情况，此起彼伏。挂入低档，还会带来额外的重心转移，引起车辆状态的不稳定，更不用说突然的转速提高对动力总成的危害。任何一个都不是好事。

就像之前说的，解决这个问题的最好方式，就是在你降档的同时，把你的右脚脚跟向右稍许滑动并点到加速踏板上，这就是"跟趾"。这样点一下加速踏板，如果时机掌握得正确，这也是很重要的，会把转速提升起来匹配更低档位的齿比。先练习一下，如果你发现车辆看起来有些前窜，说明你点加速踏板的力度过大了。这个技术最好的一方面就是，它是不多的能够运用在公路上而不会招惹到当地警察的赛道技巧。

↓ 跟趾，就是在降档过程中，变速杆通过空档的刹那轻点加速踏板，这会帮助你在制动区域更好地维持车辆的平衡

在一些车上，制动踏板和加速踏板之间的距离可能过大，让跟趾的动作不容易实现。如果碰巧你的车就是这样，你通常可以去改装用品商店买一种特制的延伸踏板。

但为什么这称为"跟趾"呢？这其实来自于第二次世界大战之前的美好时代。那时，赛车中的加速踏板经常是像碰碰车那样采用悬吊的布置方式，制动踏板的位置非常非常高，让那些赛车英雄能够习惯老旧的踏板布局。所以，他们经常需要扭转脚跟，才能够踩到加速踏板。而且踏板的位置也是相反的，加速踏板在中间，所以我听说 F1 车手 David Coulthard 在几年前试驾一辆梅赛德斯 - 奔驰的 W125 时，他也得费力记住相反的踏板位置。

在过去，跟趾总是与两脚离合一起来教，当变速杆通过空档的位置时要点在加速踏板上，但这时的离合器踏板是踩下的，所以你必须要快速地踩下离合器两次，以便在点加速踏板时变速杆处于空档并且离合器踏板处于抬起的状态。实际上，一旦你习惯了这动作，这没有听起来那么困难。我就是很多年前在法国的 Winfield Racing Drivers 学习赛车时学习的这个技术。说实话，在如今，这个技术看起来没有什么用处了，虽然一些美国的赛车教材和赛车学校仍然在教授这技术。

两脚离合绝对比一脚离合的速度慢。尽管，在老式汽车上这会让变速器更顺滑，并且如果你操作正确，这会让你更轻松地跳档减档，比如说从 5 档到 3 档。但你获得的任何好处都被它所消耗的时间抵消了。无论如何，这也是非常难掌握的，可一旦你掌握了它，它就成为了你的第二本能，你甚至很难改变这习惯。我就是不能改变这习惯的人之一。

脚踩着制动踏板的同时右脚跨过加速踏板并轻轻给油还有另外一个好处。当你遇到麻烦时，你很可能需要同时踩住离合器和制动踏板，这时你仍然可以通过在恰当时机轻踩加速踏板来保持发动机的转速。

空闲时间

在赛道上你应该记在脑海中的是，永远不要让踏板有空闲时间。这里的空闲时间，我指的是你的右脚应该踩在制动或者加速踏板上。当然，

你的右脚从一个踏板快速转移到另一个踏板上的时间除外。这件事情的重点是这样才能让车辆尽可能快，所以，你要么在减速，要么在努力过弯，或者就是在像大多数人希望的那样加速。

假设，我们现在正处于大直道末端的制动区域，当你的脚从制动踏板上移开时你就把车辆开进弯道，几乎就在同一时刻，你需要把右脚从制动踏板转移到加速踏板上来。虽然这时你并不希望立刻加速，因为正处于过弯的第一个阶段，轮胎正在全力应对离心力。

你仍然需要保持一点节气门开度，但这部分节气门的开度既不是为了加速也不是为了减速，而是你仍然要让驱动轮有部分驱动力，并借此掌握车辆的平衡。如果你的车辆有了转向过度和转向不足的情况，这也能让你通过加速踏板来精细调节车辆状态。

这被称为"平衡油门（即节气门）"，人们也

↓ 注意驾驶者如何在把车辆摆直的过程中控制节气门，对过弯和在出弯点获得尽可能快的直线速度进行了权衡

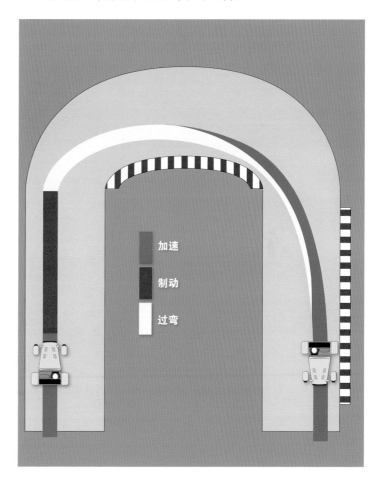

加速

制动

过弯

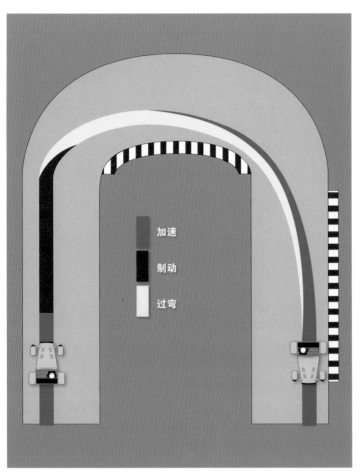

加速

制动

过弯

↑ 带着制动入弯意味着在你入弯的第一阶段渐进性地松开制动。这是有帮助的，因为在你入弯时把重心维持在了前轮上，但新手在开始的时候最好还是在直线上完成制动

称之为"寻迹油门"。有时这会引起困惑，因为在遇到转向不足时，这意味着你需要松开加速踏板来把重心从后轴转移到前轴。

权衡

通过一个弯道需要有三个阶段，你可以标记为制动、过弯、加速。但是在我们之前讨论赛车线路的部分，我们已看到这后面的阶段有很长一部分的重叠，在这里你需要在转向的同时让车辆加速。

你可以这样考虑。如果一个轮胎在过弯时使用了100%的力度来抓住路面，那么没有任何余地让你能够施加哪怕1%的额外动作，不论是加速还是减速，否则轮胎就会突破极限而向外滑出。这就是为什么在你轻轻踩了一点加速踏板时，你就要稍微回正一些方向盘，从弯心的转向幅度稍微减小一些，让车辆做到加速和过弯的平衡。

这正是你在出弯踩加速踏板时要有渐进性的原因。你也确实应该尝试着这么做，随着方向盘慢慢回正，脚下慢慢踩加速踏板。一个老道的赛车手曾经告诉我，他总是尝试着把加速踏板和方向盘视为相互联动的。我对此十分认可，更多的加速，就要更少的方向。

这也同样适用于制动踏板，特别是在慢速弯道。我们在本章之前也提到过，不只是出弯时你可以让过弯和加速有重叠，你也可以带着制动进入弯道。这常称为带制动入弯。但也要提醒你，这不一定适合所有车，你需要对你车辆尾部的表现有一个很好的了解之后，再去尝试这种方法。

基本操作是，在你入弯的时候慢慢松开制动，在制动和入弯之间就有了重叠。这样做的一个理由是，在入弯时保持重心仍然处于车辆的"前鼻子"附近，车头转弯需要更多抓地力时没有失去对地面的压力。

但你仍然需要考虑二者的平衡，因为你不可能在轮胎的制动力达到100%的极限时还要同时做出转向的动作。所以这就是为什么我们上面用了"松开"这个词。这就是说，你松开一点制动，打一点方向，一直保持两者的平衡来进入弯道，正如你出弯时在加速和方向二者之间的平衡一样。

在2007年，我为杂志写了一系列的专栏，其中有我与一些顶尖赛车手关于过去和现在不同的赛车驾驶方式进行对话的内容。很明显，他们中的大部分都会把带制动入弯做到极限，或者应用在慢速弯中。其中有一位著名的英国房车锦标赛（BTC）赛手告诉我，他会保持制动（或者慢慢松开制动）一直到弯心。但他有一辆专门为此设计的车，你的公路用车恐怕不能做到这样，事实上它真的不一定能胜任。如果你认为它能够这样做，你可以在宽阔的场地上先试验一下，理想的场地就是机场，或者在熟悉这种技术的教练指导下来试验。

驶过弯道

好吧，现在该把所有的技巧综合在一起，完成整个弯道了。作为例子，我们假设使用3档过弯，过弯之后就是一个大长直道，为了简单，我们把制动限制在直线上。

你现在进入了制动区域，注意力集中在入弯点的桩桶上，要以你的车辆到达这点时正好

完成减速为目标判断你车辆的动态。渐进性制动的方法是，先轻微施加制动，之后渐进性地施加更大制动力度直到处于最大制动极限，这是正好不至于让轮胎抱死的那个点（这也被称为临界点制动）。

车辆的前部会下沉，车辆重心转移到前轴上，当你达到制动区域的末端时，做两次跟趾降档的操作，从5档减到4档再减到3档。这时你的视线应该落在弯心上，并且通过它看到更远的出弯点，脑海里规划出从入弯点通过弯心到达出弯点的虚拟线路。

当你到达入弯点时，逐渐松开制动，打方向时正好完全松开制动踏板。要顺滑地转向，打足够的方向把车辆带向弯心。这时，车辆重心正在从车头向后转移，你的右脚从制动踏板转移到加速踏板上，通过控制节气门平衡车辆的状态。

现在你已经进入弯中，重心在车身上转移，直到转移结束，车辆到达稳定的平衡点，并且就处于这平衡点状态下，开始驶过弯道。

你切过弯心后，就开始渐进性地踩加速踏板，在此同时回正越来越多的转向来摆直车辆对准大直道，直到你从赛道的最边缘通过出弯点时，你对车辆施加全油门并且车辆处于直线状态。这就是完美的过弯。

车辆控制的
几个关键点

车辆控制的几个关键点

在赛道日上让车辆侧滑是一件很有乐趣的事，但有时侧滑完全出于你的意料之外，你要思考是哪里出了错导致了侧滑，从中学习和提高。

横着走路

到达这阶段，我猜测你已经有点不耐烦了，因为我一直在讨论什么顺滑操作、安全驾驶。我们来谈谈侧滑怎么样？好主意。毕竟，赛道日就是要提供足够的乐趣，不是吗？

即便如此，前面几章我们谈论的所有事情，都会给你提供一个安全的基础，来开始你的驾驶体验，这就是乐趣的开始。但你的确需要先把基础的事情做对。这样，你就可以理解车辆的重心转移，以及在轮胎极限内正确操作，还有对过弯和加速两者进行平衡。

理解你的车辆正在发生什么，之后你就能够在弯中通过减少给油引入微微的滑动，之后再加入更多动力把车辆拉回到正确的线路。或者，如果你是在驾驶一辆后驱车，你能通过施加更多的动力，在动力漂移过程中出弯。这充满巨大的乐趣。

这里要给出警告。很多赛道日组织者并不赞成有人开着拉力车在每个弯道都漂移通过，你甚至会被出示黑旗请出赛道。这更大程度上取决于管理者是否认同你的车辆处于控制之中，或者你是否看起来将要发生事故。

你可能会发现轻微的漂移就会给你足够的刺激。但过多的横向漂移之后会损失你的速度，并磨损你的轮胎，这可不是什么好事。

关键瞬间

在赛道上长时间驾驶后，你总是难以避免会超过某些极限点。这并不意味着你一定就会撞车、陷入缓冲区或者发生打转。这也许只是意味着你要面临一个"关键瞬间"。

每个关键瞬间都是一次微小的冒险：车辆突然侧滑、一个轮子抱死、滑到草地边缘等。在赛车时，你需要迅速把这些忘在脑后，集中精力于目前的情况。但在赛道日上，你有时间从中学习，而且这是很珍贵的经历。

如果有什么你没有预料到的事情发生，最好的选择就是回到维修区，进行彻底的思考，想想你做错了什么会导致这种情况发生。如果这里有教练那就更好了，你可以和他们进行交流。但确保这刚刚发生，在你脑海中还很新鲜的时候就去思考它、交流它。

在你的脑海中重现整个事情的发生，记住车辆重心的转移怎样影响了车辆的操控。很可能，你很快就对事情的发生有了明确的认知，并且带着自信重新回到赛道上。

反向打死

当你的车辆失控时，你需要记住的关键是，你必须把视线看向你希望去的方向，而不是看着车头指向的方向。如果你在横向漂移，方向盘很可能处于反向打死的状态，这也意味着你甚至可能需要从侧面的窗户看出去，但这可能比从前风窗玻璃看出去要好得多。人都有个本能就是跟随鼻子走，所以如果你发现视线是跟随车头指向了弯心的方向，很有可能最后你就撞进了弯心。看往你需要去的方向，还能帮助

← ← 当车辆有失控的趋势时，你必须记住要把视线保持在你希望去的方向。图中这位驾驶者就成功救车了

← 此页到下页的一系列连续画面：很容易看到车辆向一个方向侧滑，之后又突然向反方向侧滑的情况，尤其是在湿滑路面。但保持视线看往你要去的方向，很可能你就不会再纠正过度了

你把方向转到反方向时避免过度纠正，这会引起向另一侧突然侧滑。

在赛道上驾驶，你可能会犯很多种不同的错误，但新手最普遍的一个错误就是过早入弯。这会导致更早通过弯心，之后在出弯过程中就缺少足够的路面。他通常会遭遇更多的转向不足，因为他需要更多的转向来完成转弯。在最恶劣的情况下，最终会因为突然的收油动作，重心突然转移而引起车辆打转。

另外一个新手容易出现的问题是入弯时的速度过快。如果你发现自己就处于这样的状况，最好的处理方法就是把脚继续踩住制动踏板而不是开始转弯。记住，这是赛道日不是赛车。但如果你已经开始转弯，那么就稍微回正一些方向以便你能更大力度的制动。现在你实际上可能在朝着弯道的外侧移动，但没关系。保持住笔直到你感觉车速足够转弯之后，再尝试转弯。记住要把最佳线路之外聚集的容易造成打滑的垃圾考虑在内。

冲出赛道

如果你已经打转了，在一个组织有序的赛道日，你很有可能会被召去与某人进行谈话。这并不太意味着训诫（除非你有发生错误的习惯，或者占用了赛道日所有人的时间），而更多是一种询问。这也是学习在赛道上快速驾驶的永不停止的过程的一部分。

然而，汇报给教官只是事后再做的事，在打转的过程中你应该怎么办？最好的建议，特别是针对新手就是保持两脚蹬直，蹬住离合器和制动踏板，并且确保轻轻扶住方向盘。如果你的大拇指勾住了方向盘的辐条，确保让它们处于方向盘的边缘。

通过踩住制动和离合，你至少能够降低一些速度。如果打转发生在入弯过程中，你甚至可以增加转向半径并且保持接近赛车线路，以获得最大抓地力。更重要的是，通过使车轮完全抱死，你能保持车辆运行方向在一定程度上的可预测性，以及对你和对赛道周围其他人的可预测性。

这是个关键要点，这就是为什么你在打转的时候永远不要松开制动的理由，不论你觉得现在的速度有多慢。因为你很容易错误地判断车速，并且让自己陷入另一个反方向打转的困境中

← 在车辆撞到护栏前，碎石陷阱对失控车辆的停止效果是非常好的，但尽量保持方向盘向前的状态进入碎石堆，这样你的车辆就会有比较小的几率陷在里面，甚至还能开出来

↓ 碎石堆的一个坏处就是，可能很多年之后你车底的碎石才会完全掉干净，尤其是在制动片附近

或者陷进碎石中。

　　如今很多打转都会以在碎石堆中停止而结束，这些铺满了碎石的区域能够有效地把车陷住并停下来。一旦你陷入了碎石堆，你的游戏基本上就结束了，把车熄火并等待救援吧。但不要从车里下来，这也适用于你在赛道上停车并且不能重新起动的情况。等红旗挥起来，救援车到达之后，并且被告知需要从车里出来时你才能放弃你的座驾。对乘客也是如此。当然，如果车辆着火了，那就忽略上面所有的内容，尽可能快速地从车里出来。但也要小心看着来车的方向，即便已经挥起了红旗。因为你不能确保所有的驾驶者都看到了红旗。勿必从赛道上安全撤离，最好躲到护栏的后面去。

　　如果你很不幸，跟了一辆打转的车后面，给你的最好建议就是踩下制动踏板，至少对新手是如此。这可能会导致你发生同样的打转，但至少可以降低你的车速。即使你的车的确发生了连锁性打转，也总比猜测前面打转的车辆可能的方向更好。你去参观一场赛车就会发现，即便是职业赛车手也会频繁地猜错线路。顺便说一句，赛车圈里有个传说，要避让一辆打转的车，你就应该瞄准车辆现在所处的位置。但这仍然有可能出错并撞车，的确如此。

↑ 如果一辆车在你前面打转，最安全的方法，至少对新手如此，就是踩住制动踏板。尝试预测打转车的运行路线可能会引起更多的问题

随着你赛道驾驶经验越来越丰富，你会对车辆什么情况下会打转开始有感觉了，这样你就能够理解怎样去避免打转。可能要通过松开加速踏板，稳定住侧滑的状态并在期间精确地补油。但在开始阶段，对大部分紧急状态你最好的应对方法还是"双腿蹬直"并且踩紧制动踏板。

有些情况下，你绝对不该去踩制动踏板。比如，当你的线路过于开放而进入了草地的时候。当你驾驶得更激进的时候，这种情况就非常容易出现。在绝大多数赛道上，只要你轻柔地对待车辆，就不会产生什么问题。之后的秘诀就是慢慢把车辆驶回赛道：让方向盘尽量保持笔直的状态，轻轻扶住方向盘，然后慢慢把车纠正回赛道。

不论你做什么，都不要突然松开加速踏板。这是非常关键的。你需要轻微地松一点点加速踏板，完全松开将会引起巨大的重心转移，在湿滑和不平的路面上就会让车辆失去平衡。

在这类偏出赛道的情况下，通常的重点就是要让方向尽可能保持向前。如果你在过弯时直

地冲出赛道，这通常也是一个好的建议。保持向前的状态，会减少前轮在草地中挖出坑并在坑里空转的几率。记住，你不是在赛车，所以你不必急着返回赛道，你可以慢慢地把车辆停下来。

同样的建议也适用于碎石堆，如果有可能就尽量保持笔直的状态，来避免偏转的前轮在碎石中挖出坑来。并且准备好回到维修区把所有的碎石从车辆底盘上清理出来的沉闷工作。这些碎石会无处不在，包括制动片区域，所以在你冲出赛道后需要非常彻底地清理这些碎石。

很明显，在一个赛道日上有很多出错的可能性，我们这里也只讨论了其中的一小部分。但只要你记住留意进入弯道时的速度，在出弯加速时回正方向，把加速踏板按照很多档位的设定来看待，在出错的关键瞬间给自己时间来思考，你就不会出问题。

实际上，真正的撞击在赛道日里很少出现，虽然在有些赛道你可能会遇到比其他赛道更多的撞车景象。事情的本质是，随着你经验更丰富，在每次关键瞬间或者事故之后都能思考出

错的原因，你就能够学会提前预判问题的出现，而不是问题出现后再做出反应。因此，刚开始时，就像本书最初提及的，你可能还是在机场场地里犯错而不是在赛道上，只是不要忘记从错误中学习。

对抗电子系统

近年，对于赛道驾驶来说增加了新的复杂性，尤其是你打算使用自己的公路用车时，那就是稳定控制系统以及其他各种电子系统。这些电子系统对于公路驾驶是很好的，毫无疑问对公路上的驾驶安全有巨大帮助，但在赛道上它们却会引起一些问题。不久前，我在赛道上测试一款全新的前驱车，几圈之后速度渐渐提高，我已经被它的性能所打动，尤其是它的稳定性和抓地力。很快该进入到玩耍时间了，我要看看它狂放起来的样子。于是，来到一个我喜欢的弯道，我带着制动入弯，因为知道这里有足够的空间能让我漂移出弯。

可是，没有漂移，至少是没有我期望的漂移。这辆车只是简单地把自己摆正并且冲向了内侧的粗糙路肩，之后又猛烈地把我带到了外侧更加粗糙的路肩上。我很快意识到，我忘记关掉稳定控制系统了，它没有计算实际情况，或者说它是一直在计算。

不是所有的电子系统都是不好的，有些的确非常好，而且老实说如果这些系统没有让我感到别扭，我也不会把它们关掉。但如果你的确发现车上的这些安全系统对你造成了干扰，你还是需要把它们关掉（如果它们能被关掉的话）。而且，每次你起动汽车都要关掉它们，因为作为安全机制每次起动时它们都会自动打开。所以，把关掉它们作为你"起飞"前的检查项吧。但是越来越多的车，即便在这些系统被关闭的情况下，厂家仍然会让一部分稳定控制系统发挥作用以挽救我们于水火。很不幸，这就是世界前进的方向。

如果你不得不驾驶这样的车下赛道，那么你必须记得有些通常的规则可能不适用。内部系统有效工作就为了确保你不会打转，在最坏的情况下，它还会让你在冲进碎石、撞到栏杆或撞到别

↑ 当一辆车滑出赛道并进入草地时，你需要尽量保持它的笔直状态，之后再慢慢把它驶回赛道

→ 左脚制动可以用在前轮驱动的汽车上，就像这两辆湿地上的雷诺 Clio，但这也需要大量的练习才能正确掌握

的车的时候，速度能够慢一点。问题是，如果你只是个普通的驾驶者，很可能你对抗的电子系统比你自己还聪明。但谁知道你自己会变成一个怎样的驾驶者呢？

最好的方法就是研究一下车辆的手册，明白你的车辆上到底有哪些保姆式系统，它们如何工作，什么时候会介入。之后，去一个机场场地开始你的第一个赛道日，并且做一下试验。另一个更好的方法，就是去买辆老车。

并非所有的驾驶辅助系统都会破坏赛道日的感受，而且 ABS（防抱死制动系统）本身就有很大的优势。虽然它可能没有一个优秀的驾驶者制动距离更短，这真的是充满了争议的话题，但它在紧急情况下的优势不能被嗤之以鼻。在紧急情况下关于 ABS 的重要提示就是要去使用它，不要被系统介入时那糟糕的颤抖声和踏板的回馈影响你脚下的踩踏力度。

至于牵引力控制系统，如果你总是依赖它，你就永远不能学会成为一名真正优秀的赛道驾驶者。但当路面湿滑时，你可能会很高兴有它辅助，我们会在下一章来讨论这个问题。

左脚制动

在这里我们值得简单谈谈左脚制动的话题，因为在赛道日里你会听到越来越多的人在谈论它。如果你在驾驶一辆前轮驱动的拉力赛车，在松散铺装的特殊赛段上比赛，那么左脚制动就是一个关键的技术。当然这也会用在场地赛之中。在拉力赛车中，你用左脚制动来克服转向不足，这允许你保持一部分的节气门开度来避免前轮的抱死。这同时意味着你对后轮的制动力度会更大一些，容易让后轮外甩，所以在湿滑赛道的急弯上使用类似技术可能也有些争议。即便如此，你需要大量的练习才能正确掌握它，甚至有着名的学校完全就是为了教授这项技术而开设。

左脚制动能带来更多益处的地方还是在快速弯中，快速轻点制动可以把车辆转入弯中，而右脚能继续维持住发动机的转速。虽然，老实说，在大多数情况下，加速踏板抬起来可能更好，因为这会给车头带来足够的重心转移，之后你可以再继续加速出弯。而这也更多取决于你的车和弯道情况。

很多人认为左脚制动给赛车手带来的特殊优势就是，这种方式节省了右脚从加速踏板移到制动踏板上的时间，不论对于紧急情况的反应，还是对于加速、制动过来说都是好的。

这里有一些例子来解释这些情况。首先是反应时间。这只有当你的左脚就悬在中间的制动踏板之上时才会带来好处，如果你的右脚正踩在制动踏板上准备入弯，也符合这情况。在这种情况下，如果前车突然减速，你只需要很快地踩下制动而不是把右脚从加速踏板上移开再去踩制动。这对于在高速公路上的驾驶，和一大堆车挤在一起的比赛都同样适用。但在赛道日，你不应该跟随前车这么近，以至于会被卷到它们的麻烦之中，所以这可能是个不太关键的问题。

至于加速、制动的过程，就更为复杂了，因为你还要去处理换档的问题。左脚制动的赛车手会说，把右脚从加速踏板换到制动踏板过程中的那段时间，其实是处于"空闲时间"的，但同样这只和赛车时要压榨那 0.1 秒的时间才有关，和赛道日驾驶没什么关系。

即便如此，在一些配备了序列式变速器的新款街车和赛车上，这还是有很大意义的。因为这里你不需要去操作离合器，但如果你还习惯于采用特定的方式降档，比如跟趾，这对你可能也是难题。

不踩离合器的换档也是可能的，只要你正确地匹配了转速。但在激烈地跑圈的一个小时里，你总会犯几次错误，吓人的打齿声音可能就是你出问题的开始。综上，可能最好的建议就是安装一个更大的制动踏板，可能是来自自动档车型的制动踏板，同时还能保证左脚和右脚仍然有空间。我们以降一档的弯道为例来讲述安装这样的踏板之后的操作。你先用左脚制动，之后再把右脚也挪到这个大制动踏板上来，左脚就可以去踩离合器，完成降档的同时，右脚边制动边点加速踏板，之后左脚回到制动踏板上，右脚回到加速踏板上。完美的操作！

左脚制动有很多优势，但它也是一个很难掌握的操控技术，尤其是你还需要花费大量的时间在公路上用右脚制动，所以如果你感觉到需要练习这技巧时要非常小心。

9

湿地驾驶
的技巧

湿地驾驶的技巧

可能没有什么能和在湿滑赛道上驾驶一样具有挑战性。但这不是说在雨里下赛道就是冒险，因为专门的湿地驾驶技巧，可帮你在赛道上做到安全和快速，也让你在此过程中获得很多乐趣。

有些人喜欢在湿地上驾驶，有些人则痛恨它。有些人遇到下雨天甚至直接收拾行李回家，或者不想浪费这时间的，就呆在维修区里喝咖啡消磨时间，随着时间的流逝，只能眼睛不时地扫向手表。

你没有必要让下雨破坏了赛道日，对此的确有争论。有人认为如果你对这种条件不适应的话，你就不应该冒险下到赛道里；但也有另外的观点值得听一听，他们认为，如果你的赛道日遇到了下雨，这并不是个灾难，而是应该把这看成是一种机会。这是一个难得的机会，在需要你把最基础的东西做正确的环境下，来复习你的驾驶技巧和操控技术。那么，就请你学着在雨天放松心情，学着应对雨天，学着热爱雨天。

顺滑的处理

湿滑赛道会把你在驾驶座上所做的一切动作放大。加速、制动、转向的输入如果过大或者过于突然，就可能导致车辆突然失去抓地力，或者轮胎抱死，或者车辆打转。不只是这些很明显的事情，像是不顺滑的换档这样的事也可能引发问题，甚至是松离合过快也可能导致动力突然爆发而引起轮胎打滑，因为地面的摩擦力很低。

记住，你在车里做的一切，都会从轮胎传递到路面上，所以当路面湿滑时这些轮胎工作起来就不会那么好，你需要让一切更加平稳。不论何时，你的目标都应该是顺滑，但现在，你应该更加顺滑，甚至使用这些控制系统的时候也要更轻柔。这就是为什么坐在方向盘后的你要比干地的时候更加放松，这是更重要的。不要用手指死死抓住方向盘。问题是，湿滑赛道容易让人们更加紧张，紧张的驾驶者往往就会去抓紧方向盘。克服紧张是有点难，但你可以随着经验的增加来解决这个问题。

湿滑路面上的制动距离自然会增加，而且你的过弯速度也要降低。降低多少呢？至少要比干地条件下过弯时的降低一个档位。当然，在同样的速度下使用更高的档位会处于更低的转速，就意味着对轮胎施加更少的转矩从而减少打转的可能性。这也是一种观点。好在这并不是赛车，你可以通过试验慢慢提升自己的速度，并且尝试不同的方式。

另外一个需要小心的事情就是从已经进入弯中的前车状态来判断可用的抓地力。它可能是一辆表面上比你慢的车，但在湿滑赛道上，技术参数就没什么价值了，车辆经常会不需要那么强的动力但会更灵活，车辆有可能感觉变好了。

另外你也要考虑你的轮胎，通常来说，普通的公路胎应对湿滑路面要远远好于纯粹的赛道轮胎，具有比较软的公路悬架的车辆要比坚硬的赛道悬架更容易掌控。而且，千万要小心，跑在你前面的家伙也许比你具备更好的驾驶技术或者有着更多的经验。关键是，湿滑路面过弯时要完全取决于你自己而不要依赖他人。

在湿地中驾驶的确是更加针对个人的挑战。它是更加依靠感觉的驾驶技巧，你需要感受可用的最大的抓地力，而这往往不在常规的赛车线路上。

湿地线路

有经验的赛道驾驶者，在湿滑路面上经常会采用与干地路面不同的赛车线路。这有很多种原因：可能是弯心现在变成了深深的水坑；可能那里有个干地时不会有什么问题的颠簸，在湿滑情况下最好要避开以避免造成车轮突然抱死或者突然失去抓地力；也可能你的入弯点现在甚至变成一条小河流过了赛道。但更主要还是因为在频繁使用的赛道上有大量橡胶沉积和黏附在赛道路面上，它们都铺在了车辆常常通过的赛车线路上，当下雨时水会停留在橡胶上面，使它的表面非常湿滑。

这就是为什么你会看到一些车辆会在路面湿

← 湿滑赛道需要你的驾驶更加顺滑，并且你操控的过程也要尽可能轻柔

↓ 最好的抓地力不总是在常规赛车线路上，你也需要避开赛道上的积水区域

↑ 当雨停下来，很多车辆都会驶过的一条干燥线路就会出现在赛道上

滑时采用不太常规的线路，有时候车辆会走比常规线路更宽的线路，甚至可能从赛道的外侧通过。当然，如果你这么做，你仍然需要在某些点穿过常规线路，要么是从里向外，要么是从外向里。你现在就该对此保持清醒并相应控制节气门开度，并且在正好穿越时尽你可能保持车辆处于直行状态。

湿地线路的确有效。要确认这一点，只需要去观察真正伟大的当代车手（像迈克尔·舒马赫这样的车手）在雨中比赛的行车轨迹。他们经常会离常规的线路很远，以便获得更多的抓地力，并且距离前面的车手也很远。

然而，不是你找到了一条让你感到舒适的线路就可以了，事情还没有结束。赛道时刻在变化，雨天里它变化得更快。随着赛道越来越湿滑，或者随着它变得越来越干燥，线路可能要变化，所以记住，你应该不断地去感受抓地力。

感受它，然后寻找它。有时候，赛道里特别光亮的部分可能不那么可信，而看起来粗糙深灰的部分却经常能提供更多的抓地力。同一个赛道也不是所有路段都会对雨水做出同样的反应。在有些赛道上，一部分区域可能要比另外一部分区域抓地力大得多，比如银石赛道的 Brookland-Luffield-Woodcote 区域，下雨的时候就像冰面一样滑，而同样天气里的 Copse 区域会提供让你吃惊的足够抓地力。

在赛道经过首次浸泡时，赛道表面可能变得更湿滑，这时油污和橡胶沉积物都漂浮到了表面上。但正在变干燥的路面也会引起问题，因为当车辆持续驶过同一处沥青路段时，这部分就会干燥得更快，形成一个干燥的车辙。这条线可是尤其微妙的，这称为高速走钢丝动作，需要驾驶者有极高的精确性，一旦某一轮子驶入了湿滑区域就可能引起车辆打转。实际上，在赛道日这可能是休息一下的最佳时间，让其他人去把赛道"烘干"。

在雨天你还应该注意涂有油漆的路肩，以及赛道上其他经过了喷涂的区域。这些地方的确会变得非常滑，而湿滑的路肩是否值得冒险去用就存在争议了，我认为在赛道日里真的就没有必要了。同理，雨天里赛道上的白线也是臭名昭著

的，所以一定要避开它们，尤其是弯道制动区域里标记赛道边缘的那些白线，如果外侧轮胎压上白线就会立刻抱死。如果你在雨天里的确感到需要去借用路肩，那么先确保那是个低速弯道，并且用非承重的内侧轮胎。但最好的建议就是避免借用路肩。

自救

即便你避免了白线和路肩，仍然有可能在制动时将某个轮胎抱死，除非你的车辆安装了ABS防抱死制动系统。现在，它已经普及到几乎所有车辆上，人们对它的看法也分成两种。有些人把它看成是救命稻草，这个词就能代表它的作用；而也有人把它看成是一种干扰，破坏了纯粹的驾驶体验。

不论你怎么看待ABS或其他辅助系统，比如稳定控制系统和牵引力控制系统，你不得不承认在雨天它们能提供很大帮助，虽然也损失了一点点乐趣。关于乐趣的问题是，它也总有缺点，很多老车和大部分特制的赛道用车都没有驾驶辅助系统，应对这些缺点就要完全依靠你自己了。

这也基本上意味着你要自己执行ABS，自己执行牵引力控制。

所谓人工ABS，就意味着你需要学习快节奏的"点刹"。这也包括在制动时如果轮胎抱死就需要快速调整对制动踏板的压力。基本上，你要脉动式的点刹以便保持一定程度的转向控制能力。情景是这样的：在大力度制动时前轮抱死，之后你稍松踏板让前轮获得抓地力时打方向，之后再增大制动踏板力度至最大。在转向动作之间对制动踏板力度做调整，确保你的制动和转向能

↑ 驾驶者让他的车辆漂移到了路肩上，但这些路肩在雨天非常湿滑，所以这是非常冒险的尝试

↓ 在正在干燥的赛道上开车更像是走钢丝，最重要的就是不要把任何一个轮子开到湿地上去

交互进行。

躲避性制动也是类似的问题。如果你的制动让轮子抱死了，车辆就会笔直地向前冲，直接冲向前方的事故现场，比如碎石区，或者是护栏，或者是在你前面打转的汽车。要尝试避让开危险，你可以把方向盘打 1/4 圈，当然开始的时候你的车辆不会有任何效果，因为所有的轮子还在抱死状态。但当时机正确时，就是在你还没有撞到危险的障碍并且车速有幸稍微有所降低时，你可以突然松开制动踏板。这时，你就获得了突然的转向能力，因为前轮解除了抱死状态，就可以避开危险。这需要实践练习，去试车场实践是掌握湿地驾驶技巧的最好方法。

加速控制

湿滑路面上，你还需要缓慢对待加速踏板。假设你的车没有牵引力控制系统（即便有你也仍然要保持警惕），那么加速踏板的输入就应该缓慢而不是急促，实际上几乎应该是试探性的。记住，你应该一直去感受抓地力，你的手指在某种意义上就是转向和轮胎驱动。实际上，你应该一直把加速踏板看成是像瓷器做的。通过这种方式，加速踏板从完全松开到完全到底之间，有着广阔的范围，这对于湿滑路面驾驶非常有帮助，因为你有更广的操作范围，也意味着你有更多的控制余地。雨天里，你最不该做的事情就是把加

→ 积水：如果积水到了这种程度，你最好尽量去避让它，否则就要冒水滑效应的风险

速踏板看成非开即关的开关。

上面提到过，一些赛道日驾驶者，尤其是驾驶涡轮增压车辆的，在雨天过弯时会采用比平时高一个的档位以避免动力的猛烈输出。的确，埃尔顿·塞纳（Ayrton Senna）在 1985 年的葡萄牙雨战赢得他第一个 F1 大奖赛冠军时也采用了这个技巧。

类似的，提早换档在湿地上也有帮助，在发动机达到最大转矩转速之前升档就会让动力的输出更加轻柔一些，不会有突然增大的动力输出。基本上，你要尽力避免让轮子空转。

但如果你踩加速踏板时用力过大了怎么办？这里我们假设你驾驶的是一辆后驱车，你是否还有可能把车辆在狭窄的区域里救回到直线上来呢？明显的事情就是松开加速踏板，这很大程度上都是自然反应。我们人类都有一种内置的反应机制，但这里你一定要很小心不要完全松开加速踏板，如果可能你甚至不要突然放松加速踏板。你需要尽可能地保持渐进性，实际上你需要继续轻踩加速踏板。

你不应该完全松开加速踏板的原因就是，在这种情况下你要保持车辆继续前行的状态。除了重心会突然从后轮转移到前轮之外，还有来自横向漂移带来的横向重心转移。所以，如果你在一个右弯里向左滑出，车辆就很容易向左打转。但如果你保持一点节气门开度，假设你从 90% 的节气门开度减少到了 50% 的开度，那么你就依然保持了车辆向前的运动，把车辆从打转的趋势

中拉出来。

水滑效应

当谈到水滑效应时，建议就有点不同了。你很可能曾经在公路上有过水滑的体验，当你轧过静止积水的那一瞬间是有些吓人的，轮胎会失去与沥青路面的摩擦力，你看上去像是在公路表面上漂浮而过，就像是个气垫船。造成这种状况的原因是轮胎花纹不能及时排水，积水在轮胎下面形成了水膜，把橡胶从路面上抬了起来。

在这种形势下，你应该做的第一件事就是确保方向的笔直。你肯定不希望在前轮从积水尽头驶出并突然获得抓地力时前轮却处于转向的状态，而后轮仍然在水上漂浮着，这会导致车辆一瞬间就突然打转。

理想状态下，在通过水滑区域时你不希望有任何横向的力量施加给车辆。因为水滑效应无疑会加速横向的运动直到让你打转，所以即便是在弯中，如果你实在没有余地去避让它们，你也要尽量以直线的方式通过静止的水坑，当你完全通过水坑之后再试图恢复转向。

你还应该在通过水坑时尽量保持加速踏板的状态不变。虽然你很明显要稍微松一点加速踏板，因为通过积水时车轮会失去抓地力而进入空转状态，发动机转速会快速上升。但你千万不要去触碰任何其他踏板。之后等你从积水的另一端驶出后再顺滑地恢复加速踏板力度，这就是理想的状态。

这背后的考虑是，如果你的车辆因为水滑效应而悬空，当你从积水中驶出时发动机的转速（就是驱动轮的转速）和车辆本身的前进速度无疑是不匹配的。在这种状况下，发生打转的可能性非常高。

无论如何，水滑效应是非常难以应对的，甚至不少 F1 车手也会中招。所以，如果赛道上有积水，可能这就是你该去停下来喝杯咖啡的好时机了。

提升速度

雨天驾驶的另一个技巧是，开始下雨时要说服你自己认识到一个新的赛道日刚刚开始，对参加赛道日的人来说这是一个非常中肯的建议。

如今，绝大部分人都希望自己的赛道时间最大化，如果他们在赛道上的时候开始下雨，他们很可能不会立即驶回维修区。如果你处于这样的状况，即便选择继续留在赛道上，也要大幅度降低你的车速。最好的建议是把你的车速放慢到1/10的程度，假设你现在已经在1/10的速度了，再开始慢慢地逐步提升车速。记住，赛道在刚刚下雨时是最滑的时候。换句话说，把下雨带来的挑战看成是一个全新的赛道日，它的确也是一个全新的环境。

有些赛车手会谈到心理上的下雨，这是指你已经可以在风窗玻璃或者头盔面罩上看到雨滴但地面还没有开始变得湿润。对他们来说，这时候忽视这些雨很重要，可以按照原来的节奏去开直到赛道变成湿地。但他们是在赛车，你不是。记住，小心驶得万年船，当开始下雨时，就悠着点。

可视性

能够被别人看到是很重要的，大部分组织方期望你在恶劣的天气中能开启灯光，在雨天的赛道里绝大部分事故都是因为你没有看清而引发的。可这和真正赛车比赛中会遭遇的情况没办法比，尤其是那些单座赛车尾部带起来巨大的公鸡尾巴似的水雾会把后面敞篷的车完全淹没。这需要特殊的技巧，并且调动起你所有的感官功能，才能在雨战中成群结队前进。

谢天谢地，在赛道日里你不需要成群结队

↓ 绝大部分组织方会要求你，当天气条件变得很恶劣时要打开车灯

行驶，下雨的时候你肯定更不希望这样做。留给其他车辆一些空间在任何时候都是很重要的，但在下雨时你要留出加倍的空间。因为车辆有更大的可能会打滑，并且要避免让其他打滑的车辆时你及时停下来的可能性也大幅降低。

如果你在驾驶一辆普通的公路用车，很多赛车手面临的视线问题可能就不会成为什么问题。如果你驾驶的是特制的组装车，或者退役赛车，事情就变得有些微妙。

这主要是因为会起雾，不论是前风窗玻璃还是护目镜。对前一种情况，很多驾驶者会通过撕掉一层除雾膜来清除雨雾让视线清楚，可是一旦再下雨就又会起雾。所以，当你琢磨需要对车辆进行什么改装的时候，记住在车里放上一个橡胶刮板或者一件衣服，直接擦就很管用。

防止你的车辆风窗玻璃起雾的最基本方法是当你不在车里的时候，自己尽可能呆在干燥的地方。不需要多高深的理论就能明白，如果你站在维修区里全身湿透，一旦你爬进温暖的车里，你衣服上的水气就会挥发并在风窗玻璃上形成雾气。

如果你的车辆是开放式的，困扰就是你头盔面罩起雾的事儿了。这个问题已经考验了赛车手很多年，每个人都有自己独特的方法来应对。一个传统的方法就是在面罩内侧涂抹一层防雾液体，但可能更好的办法是有个小的橡胶块让面罩不能完全关闭，很多头盔设计有棘轮系统让面罩能打开一个小小的角度。当然，市场上还有很多化学品用来涂抹面罩的内侧或外侧，这些东西通常都可以在赛车或摩托车装备店找到。

其他用在雨天里的装备还包括当你不在车里的时候需要用的外套，尤其是如果你经常去参加机场的赛道日，另外可能还需要一个大的篷布，在你下赛道时能够把所有的装备盖好，在你没有维修区车间可用时这尤其重要。

卡丁车的雨天装备对你驾驶敞篷赛道用车是非常有帮助的，比如 Aerial Atom 这类车。我甚至见到有人穿着骑自行车用的电子加热雨衣，这是开敞篷车或者冬天参加赛道日的好装备。

至于脚下的鞋，不用说你应该尽可能让你的赛车靴或其他鞋的鞋底保持干燥，脚在踏板上打滑可能造成灾难。甚至有一种赛车装备专家推荐的套鞋可以套在你的鞋子外面。当然，你也不必

弄得这么麻烦，甚至车神塞纳曾经建议，你就用个塑料袋绑在鞋子外面就行了。如果对他都足够管用了，对你就更不用说了。

雨天检查

涉及雨天的车辆准备，你首要注意的事情就是你该把轮胎气压增加一点，这会让胎纹展开多一些。你还需要记住，摩擦力会降低，所以重心转移的程度也会降低。这意味着当你来到一个弯角时，不会有平时那么多的重心转移到前鼻子附近，就更容易让前轮抱死。这就是为什么有些人会调整制动力的分配，赛车和一些特制车辆可以

做这样的调整，从而在湿地上为后轮增加一些制动力。

因为弯道中有更少的重心转移，如果你的车辆可以调整，你需要让防倾杆或减振器更软一些，这会让你的车辆更加柔韧，让你能更好地感受车辆的状态。

但在雨天里不论你做什么，更重要的就是去享受这种体验。没有必要让一点小雨影响了你的赛道日，你可以在极限内尽情地驾驶，保持你的距离，并且放松下来。很可能，一个雨天赛道日你学习到的东西相当于你在十个干燥的赛道日里学习到的。享受这个过程吧。

↑ 当天气很潮湿时，可视性可能成为一个问题，特别是如果你的风窗玻璃倾向于起雾的话，所以如果你在改装时要通过拆除刮水器来减轻车重，还请三思

← 雨天的赛道日，应该记住的最重要的事情是乐在其中

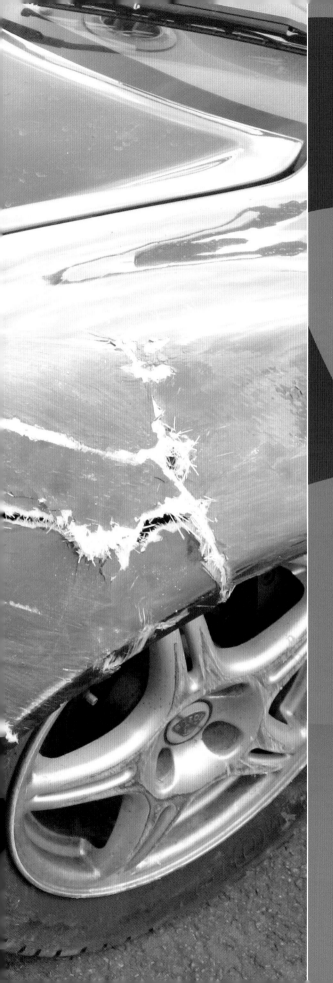

10

不得不说的
保险和修复

不得不说的保险和修复

我们在这本书中已经花费了很多篇幅解释了赛道日是非常安全的,如果接受了前面一些章节中的建议,那么你发现它会更加安全。但也不是说你就能绝对避免碰撞的发生,比事故更常见的还有机械故障。那时候该怎么办呢?

赛道日的确能给人带来超乎异常的听觉刺激,比如全油门时发动机的声音,或者轮胎橡胶处于抓地力极限时的尖叫声。但有一种声音会让赛道日的情绪变味儿,那就是轮胎尖叫声突然停止后的场景:车辆撞击到了金属的护栏上,破碎的玻璃洒落一地。

哦,那现在该怎么办?好吧,哭可能是一个开始,但你要流多少眼泪可能取决于你是否提前给赛道日上了保险。赛道日的保险并非强制性的,很多赛道日的驾驶者也并不去上。他们辩解说赛道日是非常安全的,认为可以控制自己的节奏并且在能力范围内驾驶。他们可能说,在道路上撞车的可能性要比在赛道日上撞车可能性还大。这是一个有道理的观点,因为在道路上你的安全性经常取决于其他驾驶者。

　　但悲观的一面是,我们在赛道上时不时会忘乎所以,尤其是当肾上腺素流淌的时候。别忘了,赛道日驾驶的刺激就在于要稍稍突破自己的边界,不是吗?而且,这里也会存在其他人不靠谱的问题,你不可能绝对保证不被其他人的失控所连累。尽管实际情况未必如此,你还是该考虑上一点保险,当然,最终这取决于你自己的决定。

覆盖范围

　　谈到赛道日的保险,这里有个卖保险的人们非常喜欢的陈词滥调:"你真正能负担得起撞坏你的车吗?"这当然主要是针对那些用他们日常的家用车去参加赛道日的人。这是个合理的问题,如果你的答案是"不",那么你就值得去看看需要哪种保险方案。

　　但在你联系一个特定的赛道日保险公司之前,你需要查看你常规的道路保险是否覆盖了赛道日的部分。如今这越来越不可能,但你还是值得去查一查,特别是你已经连续多年都延续了同样的保险政策。如果你很幸运,上的道路保险中包含了赛道日保险,把它用文本方式确认下来是一个聪明的做法。

　　不只是旧的政策会包含赛道日。最近,至少一家英国的公司开始在他们普通道路保险范围内提供免费的赛道日保险,虽然这被限制在价值低于2万5千英镑的车辆。也有其他保险公司提供类似的政策,你可能会付出多一些的费用,这里也可能会有诸多限制,甚至可能限制你参加赛道日的次数,但这无疑是值得去购买的。

　　可是,大多数包含了赛道日的保险,仍然需要专门的从事汽车运动保险的公司来处理。这些代理人会提供覆盖单个赛道日或者多个赛道日打包的方案,他们也会对相关场景有比较深入的了解,因此对所涉及的风险有比较彻底的评估。

↓ 你通常会发现,针对机场赛道日的保险会更便宜,主要是因为这里没有什么东西可撞,大部分意外只会导致无害的打转

↑ 即便在一个机场赛道日，你也可能遭受损失，这辆 Escort 在一圈激烈的驾驶之后看起来比正常磨损要更糟糕

不同赛道日保险公司在处理方式上有所不同，可能有些比另外一些更适合你，所以在你签单之前最好去了解一下有怎样的选择。但他们都倾向于一个原则，就是有些情形不予赔偿。

损坏限制

大部分赛道日保险公司，都只赔偿撞车本身的损失。不太可能你会找到一个公司能赔偿你发动机或变速器的损失，除非能证明损坏是由撞击直接导致的，才有一点可能得到赔偿。

你会发现的另外一件事是，免赔条款有点太宽泛。基本上，不论事故的全部代价有多少，免赔部分就是你必须自己去承担的那部分钱。某种方式上，这就是你可以合理承担的数量。所以，如果一次撞击的损失低于免赔额，那就不用去麻烦保险公司了。另一方面，如果这次损失的数额很大，你上保险就是为了避开这类损失，这时候就该给保险公司打电话了。在这种情景下，如果你造成了比如说 10000 英镑的损失，而你的免赔额是 2000 英镑，那么你就会从保险公司得到 8000 英镑的赔偿用来维修你的车。

附带说一句，对于赛道日，没有保险公司提供三者险，因为过去这方面造成过一些问题。最著名的事件发生英国，一个被指导的驾驶者开着一辆车撞到了另一辆参加赛道日的车而被起诉。这个案例的结果，被看作赛道日行业的样板案例，最终的判决是任何赛道日的参与者都清楚潜在风险，并且可以选择不去赛道上去驾驶。换句话说，如果有人在赛道上撞到了你，即便很明显是对方的过错，但你只能认倒霉。这实际上是另外一个非常好的为赛道日上保险的理由，不是吗？

涉及的费用

这溢价可不便宜，通常几乎为一个赛道日本身的全部花费。但公平地说，这会让你放松

→ Bedford Autodrome 赛道具有充分的缓冲区，因此你经常能获得针对这里的优惠保险条款

地去体验这个活动的本质。举例来说，在本书写作的时候，一辆第一代的价值 2500 英镑的马自达 MX-5 参加一个机场赛道日，如果免赔额为 250 英镑，你可能寻得的保险费用大概是 60 英镑，有些中间商会要到最少 80 英镑。如果一辆 1.2 万英镑的莲花 Elise 参加同一个赛道日，如果免赔额为 1100 英镑，你的保险费用可能是 135 英镑。而如果在永久性的赛道上，保险的费用可能要在这基础上增加 30%。如果是小众的怪异车型，这个费用真的可能会让你哭出来。一辆保时捷要为这样的活动支付 300 英镑的保险，但中间商可能会说，保险公司甚至比那些保时捷、法拉利的车主还担心，一方面是因为修理它们的费用高，另一方面是因为这些车撞到护栏上的速度也快。

猜测你已经注意到了机场赛道日和赛道上赛道日之间的价格差别了。这有很充分的理由。赛道日的保险公司需要评估风险，很明显在机场

场地（或者类似 Bedford Autodrome 这样有宽阔缓冲空间的赛道）里撞到东西的概率要比真正的赛道小很多。

类似的，如果你的赛道日是由更加专业的组织方运营，一个好的保险代理也会给你开出一个更加便宜的价格，因为他们知道，在组织有序的赛道日里事故发生的几率也要小很多。这意味着，从给你开出的保险价格，你就能判断出一个赛道日的组织方是有多好、多专业、多有经验。这的确是赛道日质量的一个晴雨表。

不言而喻，你总是应该仔细检查涉及保险细节的那些密密麻麻的条款，并且尽量去考虑赛道日的各种偶然因素。比如，如果你偶尔会让其他人去开你的车下赛道，他们的莽撞造成了事故，那么就真的有可能你的保险不会赔付你。这的确曾经发生过，所以，如果你认为有可能其他人会开着你的宝贝去跑圈，就要检查有没有可选的额外驾驶人条款。

↑ 大多数的赛道日事故都以冲进草地而没有造成损失结束，但很多人都会去买赛道日保险，为最坏的情况做好准备

→ 如果你不幸侧面撞上了护栏，那么你会很高兴购买了赛道日保险

报损的游戏

如果你不幸在赛道日真发生了碰撞，但也足够精明购买了保险，接下来怎么办？首先，就像勒芒中的 Steve McQueen 那样坐下来在脑子里回放事故过程之后，你需要对损坏的地方从各种角度拍摄尽可能多的照片。如今，这已经不是什么问题了，你可以用你的手机来拍摄，如果没有手机，附近经常有为车辆拍照的摄影师。他们为车辆拍照并作为纪念品销售，你可以求助于他们。

取得赛道组织方对事故材料的签字也是重要的步骤，以确认事故的确是在赛道日上发生的，有些保险公司会有个表格让组织方和相关人员来填写。

拍完照片，填完表格，你就需要通知保险公司了。你应该赶早不赶晚，实际上，有的公司规定要在事故发生后的 48 小时之内通知。如果只是可能造成损失（而你还不确认损失的情况），你也应该及时通知他们。如果你两个月之后才通知他们说，你意识到损失远比你预想的要严重，那就没用了。如果有任何可能应该去通知的情况，你就确保让保险公司尽快知情。

但有件事你一定不要做，就是假通知。如今有两种作假，其中之一是把发生在赛道上的事故假装成是在公路上发生的。你可能认为这是个好主意，其实不然。大的保险公司对此都很戒备。有些公司甚至雇佣赛道保险专家来教他们如何判断一辆车是在赛道上出的事故还是在公路上出的事故。很明显，这很容易判断。这是欺诈行为，有人因此而被判有罪。

另外一种情况，如果有人把在公路上发生的事故试图假装是在赛道上发生的，赛道保险公司也很容易识破。他们只需要电话询问一下赛道或组织方就很容易判断，因为赛道日不常发生的撞车事故可不容易被忘记。

生命危险

以前在英国还有针对赛道日的人身伤害保险，但后来不再出售了。因此，如果你希望有人身保险，你最好提前处理这件事。有些赛道日保险公司实际上会将人身保险作为车辆保险的附加险出售。在其他国家，情况可能有所不同，所以如果你有这方面的担心，最好和组织方或保险公司确认。

即便如此，因为赛道日的特有属性，很可能你自己常规的个人人身保险就有很好的覆盖，如果你有的话可以提前确认。因为赛道日本身是一个休闲活动，而非赛车运动，但你的确需要和保险公司事先确认，也确保你阅读了那些密密麻麻的条款。

另外值得提及的事情是关于纽博格林的保险。对于严格意义上的赛道日来说，北环的保险的确很贵，如果你去过你肯定深有体会。但对于公共开放日来说，这就有一点复杂了。有些人说这时它就是一个公共的收费公路，所以常规保险就要负责；但事情的真相是，绝大部分保险公司更明白这个道理，对于这样的情况他们会用免责条款里的"解除限制的收费公路"或其他类似条款来免赔。

不论是哪种形式的赛道日，不论你自己的保险公司怎么处理，几乎可以肯定的是，你几乎不可能为北环事故造成的损失得到常规保险的赔付。当然，最好的方式还是去和你自己的保险公司确认一下。

在哪里修复

得知这个消息你可能会奇怪，至少有一家顶级的英国修复公司，会去赛道日拖运抛锚的车辆，即便不是撞坏的。他们的服务范围是这样规定的：车辆因为参加任意形式的"汽车运动活动"而抛锚，包括但不限于赛车、拉力、赛道驾驶、赛道圈速或汽车测试。然而，不用怀疑，他们并不把这些优雅的集会活动看作是"汽车运动会"，比如针对公路合法用车的赛道测试日，或者在开放的公共道路上举办参与者需要遵守道路交通规则的拉力活动。看起来很清楚了，如果你采用了他们的保险，某个赛道日你的公路用车抛锚了，那么就会有一个"很好的人"来把你的车拖走。

至于其他的公司，几个电话好像也很难把情况弄清楚，所以在你出发前最好把所有条款彻底检查一遍。如果条款里没有说不能去"非竞技"活动现场去救援你，那就确认你拿到了全部的文件以便时候能据理力争。有些人在对能否被救援有疑问时，甚至把自己坏了的车推到公路上，但这的确有点太淘气了。

不论如何，如果你撞车了，多数救援公司的业务只会覆盖抛锚而不包含事故。或者，如果你的救援保险不覆盖赛道日，那么你就需要自己安排救援，这可能就会非常昂贵了。再或者，你需要找找是否有朋友有拖车可以帮助你。

另外一个选择是，从赛道日保险公司购买

车辆救援保险。有一家英国的赛道日保险公司就提供这个选择，这看上去的确是个不错的主意。这很便宜，大概只有 25 英镑，这会覆盖到赛道周边 70 英里的拖车目的地，超出后，每英里收费 1.9 英镑。很明显，如果你参加当地的赛道日，这是个好选择，但如果你为了寻求赛道日的刺激去了很远的外地，这可能也会非常昂贵。

当然，如果你在极限范围内驾驶，仔细维护你的车辆，不去过度压榨它，你可能不需要对此过分担心。但事先做好计划没什么错，总是以防万一。

↑ 如果你用拖车把车辆拖运到赛道日，那么发生碰撞之后的拖运就不是个问题，但如果你没有拖车，这项服务可能会很昂贵

↓ 如果你在赛道抛锚，你会被救援；但如果你没有救援可用，就得考虑怎样把车辆运回家了

11

保命的
安全装备

保命的安全装备

赛道日有非常安全的纪录，但如果你希望确保能更安全一些，那么不论是你在赛道日里的穿着还是对你车辆的改装，都有一些事情可做。

在赛车圈里有句老话，这对赛道日也适用："如果你的脑袋值10块钱，你就该买个10块钱的头盔。"关键在于，你真的不应该在你的头部装备上节俭。而且，这个说法可能对赛道日来说比对赛车比赛更重要，因为后者本身就具有严格的装备规则需要去遵守，之后你才被允许参加比赛；而对于一个赛道日，你头盔的标准和质量很大程度上取决于你自己的选择。所以，最终就是由你自己的脑袋决定。

几乎肯定的是，参加绝大多数赛道日时你必须要戴头盔才行，虽然在欧洲大陆并不总是如此。即便你发现某个组织方允许驾驶者不戴头盔就能去赛道驾驶，你还是戴上吧。如果你真的冲出赛道，后果会有一个非常巨大的区别，没有什么能比你带了头盔更让你庆幸的了。

穿戴方面

你需要仔细选择头盔是不言而喻的。任何头盔，只要在合理范围内都没问题（你不可能使用滑雪头盔或者过去士兵使用的头盔吧），好的摩托车头盔也没问题，当然专为赛车设计的最好。现代的赛车头盔非常结实并极度轻量化，所以，如果你对赛道日是认真的，还是去趟赛车装备商店花点时间来选择吧。确保它戴着很合适并且很舒适，也听听商店工作人员的建议，他们知道什么样的头盔适合你。

有件事你该三思，那就是购买二手头盔，因为你没办法知道它是否曾经跌落过，而这却是很重要的。头盔的保护作用就是通过碰撞时轻微变形而实现的，如果它曾经跌落过，结构就有可能遭到了破坏，而肉眼是无法做出判断的。

知道了这些，你就真的应该细心对待你的装备，市面上有太多很好的头盔袋子或盒子值得你去选购。如果它被跌落，很简单，你就应该替换它。你真的不能在你的头盔上冒任何风险。

如果你还不肯定是否要投资一个价格不菲的头盔，因为在你体验一个赛道日之前你也不能确定你是否真的喜欢赛道日（当然你会喜欢的），你会很高兴得知很多赛道日组织方会有大量的头盔出租，通常也只收很少的费用。

你选择半盔还是全盔基本上取决于你自己（很多人发现在封闭的赛车里全盔会有点幽闭恐惧症倾向），但要注意有些赛道日组织方坚持，如果你要在敞篷车中驾驶就必须戴全盔。我个人

还是会选择全盔，因为现在它们已经非常轻巧舒适了，并且这些年的确有佩戴半盔的房车赛手和拉力赛手卷入了一些让人恐惧的事故。

不论你的选择是什么，另外一个你需要购买的东西就是防火面罩。防火面罩是赛车手装备的重要部分，虽然公路车着火的几率微乎其微，但它们却能防止头盔浸泡在你的汗水里，你会惊奇赛道日是多么辛苦。

但不管有多辛苦，绝大部分赛道日的绝对底限就是不能穿短袖衬衫和短裤。在大夏天这看起来有一些苛刻，但这个规定是很重要的。一辆公路用车的表面，很大面积都是玻璃覆盖的，所以当它冲出赛道撞到什么结实的东西时，会有大量

↑ 有些人倾向于佩戴面部开放的防撞头盔

← ← 一个高质量的头盔才是最该优先选择的

← 比较好的赛道组织者会提供大量的头盔，出租给那些没有自己头盔的驾驶者

的玻璃碎片飞出，那时你就会希望你的皮肤尽可能被包裹住。长袖T恤也可以，特别是当车内变得非常热的时候，但其他情况下还是穿毛或棉的针织套衫吧。

不要忘记你的双手。一副好的赛车手套也是明智的投资，虽然很少被强制要求。赛车手套不只是提供保护，还能在你的手心出汗时避免打滑，特别是当你的车安装了那种可怕的塑料方向盘时。

合适的赛车靴也是值得考虑的。那些鞋底平而薄的靴子不只是看上去很酷（如果你喜欢那种风格），它本身也是轻量化的，而且能给你更好的踏板感觉。

如果正式的赛车靴看起来稍微太过了的话，你可以看看那些"休闲鞋"，很多赛车用品店现在都有提供。它们基本上也具有赛车靴的样式，鞋底平而薄，所以你不但可以在赛道驾驶时穿，日常也可以穿。

即便你不想挥霍一笔钱在赛车靴或赛道鞋上，你也要考虑该穿什么鞋。当然你要避免那些厚底的鞋，这会让踏板的回馈感变差。那些有突出鞋帮的鞋也要避免，它们会很容易导致你在错误的时间踩到错误的踏板上，这很危险。

一些赛道日规则并不仅仅要求赛车手套和赛车鞋质地优良，驾驶者穿着防火的连体服装也并不罕见。这是个人的选择，全副武装的你当然不会被视为怪物，特别是你还开着不计成本的特制车辆，但得警告你这些装备也会非常昂贵。

很多人甚至说，穿上全套的赛车手装备能改善他们的驾驶技术：看起来更像个赛车手，开起

↑ 本书作者的连体赛车服，在大多数时候穿成这样并不会看起来怪异，如果要开定制化赛车我就会穿这样的衣服

↓ 赛车靴不只是装装样子，它具有轻量化的特性，提供给你更好的踏板回馈感觉

↓ 如果赛车靴看起来有点太正式了，何不买个类似赛车靴的休闲鞋呢，大部分赛车装备公司都生产这样的休闲鞋

来也会更像个赛车手。这是他们说的，我可不认可。每个人可以有自己的看法，如果驾驶普通的家用车，我倾向于穿着常规的衣服，但如果开类似 Caterham 这样的特殊车型时我会穿上 Nomex 材质的防火赛车服，感觉那才对味儿。

如果你准备穿连体赛车服，很重要的是要保持它们的清洁。赛车手不会穿着赛车服修车，把油污甚至汽油蹭到上面，如果是防火服装这会破坏它们的作用。

关于服装的另外一件事，不要选择过小的尺寸。如果侧面比较宽松，你就能更加自如一些，即便不可能帮你提升到 F1 赛车手的水平，但宽松点总是好的。

实际上，当你在赛车用品商店试穿衣服的时候，你应该确保处在驾驶姿势的时候能够很舒服。所以，如果那里有个赛车座椅（大部分这类商店都会有的），就要坐进去尝试一下各种动作，至于模仿赛车的噪声就不用了，除非你感觉有那个必要。

安全带

谈到让车辆更安全的改装，你在上面投入多少精力很大程度取决于你的车，以及它究竟是一辆赛道定制车还是你的日常代步车。这是因为，很讽刺的是，你在专门的赛车上看到的很多明显会提升安全性的改装，在公路上驾驶时不一定是完全安全的。

拿五点式安全带做个例子。在赛道上，赛车用五点式安全带是一个非常好的装备，把你牢牢固定在座椅上，让你能感受到你身下的路面状态，特别是和一个优秀的合体的赛车运动座椅相配合时。另外它还能在发生碰撞时保护你。但在公路上，这就太不实用了，尤其是当遇到路口拥堵，你需要倾斜身体来观察前方路况时。如果你真的安装了这样的五点式安全带，并且你要用你的日常用车作为赛道用车，你可能要考虑是否同时保留普通的卷筒式安全带在公路驾驶时使用。

确保你正确地佩戴五点式安全带也是很关键的。很重要的一点是，安全腰带从你的大腿骨上面绕过来，而不要滑上去捆在你的肚子上。问题是，在你紧固肩带时自然就会发生这种情况，

所以你要首先确保腰部安全带已经非常紧固，之后再去系肩带。当我们说到"紧固"时，就意味着非常非常紧。有一个来自 F1 的说法，当你紧固安全带时你应该一直记住：紧固到你疼，然后再紧一下。

当然，只有你首先正确安装安全带之后，上面这些才派得上用场，关于安装的最好建议是遵循制造商的安装指导说明书。但你该记住的主要事情是，肩带是要把你的背部固定在座椅上，腰带是要把你的坐姿向下拉。如果你要做到极致，应安装完全保护的安全带系统，就是六点式安全

↑ 大部分赛道日组织方都会要求你的胳膊和腿要被包裹住，不论你是赛道日的驾驶者还是乘客

带而不是四点式或五点式，就还有两个裆带来防止你在剧烈撞击时从腰带下面下滑。

在英国，汽车运动协会的年度蓝皮书就是英国赛车运动的规则和规定的圣经，书中有关于怎样安装赛车安全带的简便易读的图片说明。理想状态下，后部的固定带，就是肩带向后延伸之后，要水平延伸到车辆的尾部；而腰带要处于一个水平平面上。顺便说一下，如果你赛道上的车本身是日常用车，我可以保证后排乘客对此肯定会抱怨连连。

既要发挥这种赛车安全带的优势，又不希望有这种不便和妥协，还有个方法就是购买一个称为 CG-Lock 的装备。这不是一个安全装备，但在稳定性和控制性方面，的确有一定的优势。它的原理是，它把腰带在你臀部之上收紧，保持把你压紧在座椅上，这就防止了你在座椅上可能的滑动，意味着在制动或过弯时你就不必再去努力支撑自己的身体了。这能让你获得当前车辆状态的更丰富的信息，在赛道上是很有帮助的。实际上，对于一圈内你能提高的速度，这可能是其有最高性价比的装备了。你不需要改装你的车就能使用这东西，很容易安装到普通的安全带上，

← ← 如果你使用赛车式安全带，要确保你把它紧固到位

← 在你常规的安全带上安装一个 CG-Lock，就会让你的赛道驾驶获益颇多

也很容易摘下来。它不但大量用在赛道上，现在在公路驾驶时也有很多人使用它。

安装防滚架

从安全的角度看，安装一个防滚架具有明显的优势，同时它还能加强车辆的刚性，带来额外的好处。很多人认为这个好处足以抵消重量增加的害处。然而，对于一辆完全用于赛道的车，防滚架无疑是必需的，但如果是你的日常用车也用在赛道上，那就不这么明确了。

这是因为，在赛道上你肯定要佩戴头盔，

← 你可以从这辆大众 Polo 上看到完整的赛车安全装备，如果你有一辆纯粹为了赛道使用的车，很明显这才是最好的方法

↑ 对敞篷车来说，安装防滚横梁是非常明智的

↑ 在你的车内携带一个灭火器是个聪明的举动，只是要确保它被安全地固定好

但在公路上你却不会戴，当你的脑袋撞到防滚架的横梁上时就可能让你受伤，甚至在你上下车时都有可能撞到，更不用说万一撞车了会发生什么。当然，你可以用垫子把防滚架包裹起来，但如果是猛烈的碰撞这也无济于事。的确，至少对于防滚架来说，让车辆在赛道上更安全，在公路上可能更不安全。防滚架还不实用，它会占用太多的车内空间，比如后排的乘客空间基本就没有了，而且你进出车辆会更加困难，因为绝大部分防滚架都会设置侧面防撞横梁。看起来，安装防滚架，就是你的车辆向赛道专用的道路上迈出的关键性的一步。当然，市面上也有一些可以通过螺栓固定的防滚架，如果你能不厌其烦地在每个赛道日前都安装一遍，这倒也是个方案。

如果你有一辆敞篷车，一个防滚横梁或类似的突起支撑结构很明显是非常值得投资的。注意，有些（不是所有的）像奥迪 TT 那样的敞篷小跑车的突起支撑基本就是个样子货，甚至市面上不少防滚横梁也是样子货。最好的建议是，去买那些专为竞赛设计的，比如 FIA 认证的防滚架，因为它们才能真正担当重任。

当我们讨论如何改装一辆车，让它能够保持公路使用和赛道使用之间的平衡时（如拆卸物品来减轻重量），如果你不是要全力以赴把它打造成彻头彻尾的赛道用车，那么你真的要仔细考虑。很明显，有些重大的惨烈的事故，就是由于这种改装方法让车里留下了太多没有保护的锋利边缘而导致的。

着火的问题

在好莱坞电影里，可能你使劲关上车门都会让它迸发出火花，但实际上即便在赛道，撞车之后起火也是非常罕见的。当然，着火是有可能发生的，通常都是由燃油管路松脱或其他机械部件失常导致而非撞击导致。

曾经，有些赛道日组织方会坚持你要在车内携带灭火器，即便如今着火很少发生，但你手边有个灭火器仍是个好主意。但要确保把它安全地固定，并且很容易能够拿取，你可不希望在发生事故时灭火器这样的东西会在车里飞来飞去吧。

在真正的赛车里那种只需要按个按钮的灭火系统，可能是有点太过了。但如果你追求完全的赛道车辆效果，那这自然是值得考虑的。最终还是取决于你自己的决定，这是权衡风险的结果。

权衡风险

赛道日的巨大号召力，至少对我来说，就是它们能提供的自由度：一方面是脱离了交通堵塞和限速摄像头的自由，另一方面是脱离了赛车的严格规则的自由。细细想一下，你可以开着你的日常道路用车去赛道上，把它开得尽你所能的快，这是多棒的事。

去到赛道是你自己的选择（这就是自由的本质），你是否要把你的车装备得像赛车那样的安全程度也是你的选择。不论你的车是不是赛道定制的车，都有些要你自己决定的选择，我们在上文已经看到了。当然你对赛道日的态度也要纳入考虑范围。如果你确信，只有当你在每一圈、每个弯都能发挥出100%的能力时（发挥到极限）你才会感到高兴，那就应该给你的车做认真的安全改装。或者，你应该开始去参加赛车。

另一方面，如果你乐意调整你的节奏，意识到没有压力去逼迫出各方面的极限，就没有理由让你不去安全地、彻底地享受，让赛道驾驶和去商场购物一样放松。

唯一的附加警告就是，永远不要去购买不够好的头盔，除非你的脑袋只值10块钱。

↑ 赛道日上很少看到起火，这不等于你永远看不到。这位在 Cadwell Park 赛道上的驾驶者就经历了一回

12

关于制动和轮胎

关于制动和轮胎

关爱制动，它们就会关爱你。更强效的制动也可能值得考虑。至于轮胎，你应该经常检查胎压，并且留意它们在赛道日上的磨损状况。

制动

关于快速的赛道驾驶，有太多的想法和讨论都是关于减速的，这的确是个讽刺。但这并不奇怪，因为制动就是跑在赛道上的公路用车的阿喀琉斯之踵。的确，经常都是车辆可怜的制动性能，成为了破坏驾驶者首次赛道驾驶兴致的最主要原因。

赛道驾驶对制动的要求远远高于在公路上的要求。在日常的行车环境中，全力度的制动需求本身就很罕见；实际上，赛道上每次最基本的制动要求，都相当于公路上紧急制动的力度。

在赛道上，你每圈都需要多次把车辆从很高的速度降到低速，在一个长直道后面接着一个慢速急弯时就意味着一个非常大的制动需求。所以，可以肯定的是，只需要一圈快速赛道驾驶，对你的日常用车来说就像经历了地狱一样。它要处理的首要问题就是散热。

本质上，制动系统是非常简单的装置。它们向车轮施加摩擦力让它们减速或停止。问题是，摩擦就会生热，这热量又会产生自己的问题。或者，至少在它们不能得到有效散发的时候会产生问题，比如当车辆在过弯、跑圈时，频繁地从高速制动到低速，典型的赛道日都是这样的，这就意味着制动系统很容易过热。

■ 热衰退

制动系统过热的主要结果就是制动衰退，这可能是由制动片过热引起，也可能是由使用的新制动片还没有充分磨合引起，或者因为制动液过热沸腾引起。前两种情况，都和制动片的性能有关，通常都会导致制动效果的丧失。而第三种情况的典型特征是制动踏板像海绵那样的脚感。

制动片过热会导致制动衰退，因为制动片里的粘合剂树脂实际上已经融化了，很明显，你肯定不希望它们充当制动盘和制动片之间的润滑

剂。另一方面，因为制动片没有充分磨合开而引起制动衰退时，这被称为绿色衰退。这种事情的发生，是因为新的制动片在还没有充分磨合时，里面的有机元素过热而变成了气体。这在现在没有以往那样普遍，主要因为现代的制动片都经过了预先烘烤。但是采用新的制动片时，最初的阶段还是要轻柔对待来帮它们充分磨合。不论如何，使用新的制动片时，很重要的是要慢慢让它们进入工作状态。

制动衰退通常都会让你慢慢地感受到，你可能会发现在某个弯道时需要更大的力度，或者有时制动踏板感觉像个弹簧一样（参考下文）。这都是制动片或制动液过热的信号，提醒你制动系统需要冷却了。

这些信号你可不该忽略。如果你无视它们而继续跑圈，你就可能经历严重的衰退，那时候就好像完全没有了制动。所以，如果你感觉制动过热了，就要稍稍减慢车速，给它们冷却下来的机会，它们就会慢慢恢复功能。

更好的办法是你应该回到维修区。这不是说你要立刻就一头扎进维修区，因为你首先需要给制动一个冷却的机会。最好的方法就是充分利用

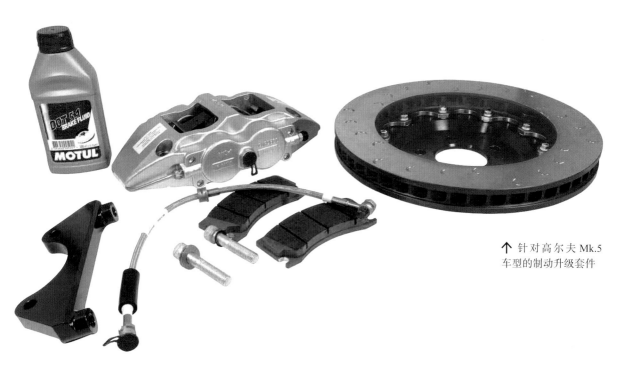

↑ 针对高尔夫 Mk.5 车型的制动升级套件

赛道上驾驶时迎面吹来的风，先完成一个冷却圈（或者两个冷却圈），慢慢地驾驶，确保你给其他车辆让出了赛道，尽可能少地使用制动。

这是非常重要的，因为这能避免车辆停下来之后制动系统的热蔓延。这是指烧红的制动盘、片上的热量，传递到其他部件上引起的各种更加严重的问题，比如令车轮轴承里的润滑脂融化，或者让制动片着火。

一旦你回到维修区，千万要非常小心不要把脚放在制动踏板上休息，实际上你永远也不要拉驻车制动。顺便说一下，即便你的制动系统没有过热也不要这样做！这是因为，烧红的制动盘和制动片可能会融合在一起，制动片的一部分会留在制动盘上导致制动颤抖，即便随着制动的使用很快会磨损掉。然而，更严重的问题是，这有可能导致制动盘的扭曲变形，这时你就不得不扔掉它们了。

虽然这是个基本常识，但还是得提醒一句，在维修区里不要拉驻车制动，但别忘了把变速杆挂在某个档位上（也可以在车轮下面放个楔子）。

■ 沸点

有时，你会发现制动踏板的脚感像海绵，甚至你几乎可以把它一直踩到地板上，这就太糟糕了。这通常就是制动液沸腾的结果。制动液是容易吸收湿气的（它非常容易吸收空气中的水气），如果水渗入到了制动系统中，就会降低制动液的沸点，直到制动产生的热量让制动液沸腾，在制动系统里形成气泡，踩制动踏板时就会很容易被压缩。所以，当你踩下制动踏板时，并没有把制动片挤压到制动盘上，而是在压缩这些气泡。

如果这变得更严重，就好像在踏板之下只剩下了气体，就意味着你需要给制动系统放气了。要确保你手头有些额外的制动液，并且要保证它的密封性，不让它接触空气。但如果你对制动没那么苛刻，能忍受踏板的一点海绵感觉，这就不是什么大问题。

如果你要求苛刻，你可能要考虑在每个赛道日之后更换制动液；即便你要求没这么高，如果你定期参加赛道日，还是有必要进行定期的放气，以便确保制动液的沸点不会随着湿气的增加而慢慢降低。

← ← 随身带一些制动液是值得的,以防万一制动液沸腾时你需要给系统放气

← 奥迪 TT 的性能版制动套件

一个更好的方案,就是把你的制动液提升到更加适合赛道驾驶的等级。在英国,制动液通过 DOT 值来分级,这与它们的化学成分和沸点有关。DOT 5.1 对赛道驾驶是非常好的,但有些 DOT 4 的制动液也可以很好地完成工作。有些制动液是基于乙二醇的,它们是最常用的,在紧急情况下也最容易买到;有些是基于硅的(DOT 5),提供很好的高温性能并且也不会吸水。它们也有自己的缺点,就是相比主流的制动液它们可以被压缩的程度更大,并且它们更贵,而它们不吸水的特性也意味着湿气可能会存在于系统中腐蚀管路。而且,要记住 DOT 5 不像其他 DOT 等级的制动液,不能和其他制动液混用。

▧ 制动失灵

几年前,我很幸运开着一辆超棒的两厢小钢炮参加一个比赛。这的确非常有趣,只不过在很多圈之后,我发现在某个特定的弯道它就失去了制动。但到了下一个弯道,制动又恢复正常。可下次来到这个弯道,踏板踩到地板也没有制动。

这很让人困惑,但之后有一次和一位赛车工程师交流,他解释说我可能遇到了称为制动片失效的问题。在这个弯之前有几个急弯,有一些非常粗糙的路肩,如果你希望更快就不可能不去借用它们。问题就是,至少在有些情况下,当车轮轧到路肩时制动盘会抖动,这就把制动片挤压回到制动卡钳之内而不处在正常的位置上。当你来到下一个弯道时,它就会只是轻轻擦过制动盘。这就意味着在你踩下制动踏板正常的行程时,你只是把制动片恢复到了正常位置,所以你就会经历类似失去制动的瞬间。怎么办?只要松开制动然后再踩下去,通常这问题就会自己解决,到那时候你可能就非常熟悉这样的场景了。

更糟糕的是当你意识到没有制动之后的自然反应,就是更用力地踩制动而不肯松开。因为这时的制动都集中在后轮上,这倾向于让它们抱死并很容易让车辆打转。

这就是另一个在赛道日里让你留出更长一些制动距离的理由,毕竟这不是在赛车。你也可以尽量去避让过于颠簸的路肩,从根本上避免制动失灵。

▧ 升级

在针对赛道升级你的车时,制动绝对是最优先的选择。实际上,在你完成了你的第一个赛道日后,很快你可能就会寻求安装最起码的快速公路版制动片了。即便这么说，一些重量轻的车使用它们本身常规的制动片也能应付，只要你稍微照顾它们一些，不要期望一次就连续跑太多圈。

如果你的确在考虑升级制动，首先确保你咨询的是真正的专家，如果他还对你的车型有些了解就更好了。也可以考虑交给专家来做升级工作，因为在制动系统方面可没有什么"基本上差不多"的事情。

和大多数为赛道升级的车辆一样，你会发现一个升级步骤将不可避免地引起另外的升级需求，最终你就会升级整个系统。但大多数人都从很简单的更换制动片开始。在市场上有多种不同性能特点的制动片，从快速公路版到完全赛道版应有尽有，你选择哪种更多取决于你要把它作为完全赛道定制车型还是也会用在日常通勤上。

如果你的赛道用车，在赛道日的时候需要用拖车把它拖到赛道，不用说你应该为它安装能找到的最好的赛车级制动片。不过你一定要确保在迫不及待体验它们之前彻底给它们热个身，并且要记住磨合新的赛车级制动片要比磨合公路级制动片花费更长的时间。如果你的车是日常通勤车，事情就变得稍微复杂了。

你看，赛车级制动片有时也称为"硬片"，相对来说公路级制动片称为"软片"。它们需要提升到一定温度才能高效工作，你开到商店的过程可不太可能把它们提升到这个温度。这就是为什么要考虑快速公路版制动片的理由，它们既对公路不太硬也对赛道不太软，在很多方面都有着不错的折中。市场上还有不少制动片是专门针对赛道日设计的，你也值得考虑。

有些驾驶者甚至会专门在赛道日前更换制动片，如果在赛道日上你的制动系统会被施加很大的压力，这的确有道理。随身带上一套多余的制动片也是值得的，因为你肯定不希望开着制动片完全磨光的车回家。甚至你之前完成了赛道日，即便没有出现任何问题，可能也需要更换制动片，因为不同的赛道对制动片的消耗区别非常大。

因为大部分制动力度都发生在前轮（实际上的比例是大概80%），很多驾驶者只会升级他们的赛道用车的前制动片。但你对此应该三思，因为这意味着后制动片会更早升温，可能引起后

轮的抱死。最好让整个制动系统平衡，为前后安装配套的制动片。

这些年制动片的设计的确有了非常大的提高，复合材料的制动片，如碳素金属片变得流行起来。有些人喜欢它们，有些人不那么认可，但它们的确能坚持更长的时间（至少我个人经验是如此），看起来能提供更好的踏板感受。但关于制动片的要点是，你喜欢什么样的制动片更多取决于你自己的驾驶方式，硬的赛车级制动片需要更大的踏板压力，不一定适合每个赛道驾驶者。

如果你发现，升级的制动片也不能防止制动过热，你可能就要研究怎样让它们的冷却更高效。使用特别布置的空气导流口或空气导流管可以直接通到前制动盘，但你也要非常小心它们的布置，因为它们有可能妨碍到悬架或转向的部件。

至于那些制动盘，简单的答案是去更换你能找到的尽可能大的制动盘，面积越大，散热效果越好。但更重要的是它能给制动系统带来更高的效率，因为更大的制动盘能带来更好的机械平衡。

更换制动软管也是升级制动系统的有效方式。在赛道驾驶中的大力度制动时，常规的橡胶软管会膨胀，就意味着一部分制动行程并没有作用到制动片上，这也是制动踏板出现海绵感的另一个原因。简单的方案就是更换成看起来更性感的金属编织的管路，额外好处就是更不容易损坏。

■ 警告

在让你的车更适应赛道驾驶的过程中，任何人都应该把制动系统作为升级的第一选择。如何选择制动片，取决于怎样使用你的车辆，完全赛车级的制动片在公路上几乎就是废物，并且你要留心它们的磨损状况。

至于制动系统的其他部分，比如说闪亮发光的制动盘和制动卡钳，在赛车杂志的产品页里看上去总是非常棒，但还是要购买知名的、有口碑的品牌产品。这会比较贵，但在谈到制动时你可没有什么近道可超。

而且，和制动有关的任何问题都不要害怕去咨询专家，确保他是个针对赛道用车的专家，而

不是本地只会拆装轮胎的店员。这是很重要的。

轮胎

■ 轮圈购买

　　轮胎才是你的车辆接触地面的地方，在你从漂移状态修正回来时，你和赛道路面的所有交流也都来自于胎面中间那一小块橡胶。能看出来它们有多重要吧。

　　但我们谈到轮胎之前，轮圈该怎么选呢？如今，大部分性能车辆都配备有昂贵的铝合金轮圈，一套这样的轮圈甚至可能像便宜些的赛道日车辆本身那么贵。但赛道驾驶会破坏这些闪闪发光的轮圈，它们会被很热的制动屑覆盖上，制动系统的热量也会让轮圈失去光泽。对于具有真正赛道心脏的人来说这不会引起什么担心，但它的确会影响车辆作为二手车的价值。一套额外的专门用于赛道日的轮圈可能就是最佳选项，这也可能会解决其他潜在的问题，让公路和赛道驾驶对轮胎的需求都能够得到满足。

■ 轮胎选择

　　如果你有辆赛道专用车，会用拖车运输到赛道日，选择就很简单了，安装上一套光头胎就好了。你把车开往赛道，但行李箱里准备了赛道专用轮胎，事情也同样简单。但这里有个警告，如果你是个新手，光头胎可能是困难的（它们是只适用于干燥赛道的没有胎面花纹的赛车用轮胎）。有时候，它们倾向于突然突破抓地力极限而非渐进性的。当然它们也需要彻底的热胎，尤其是用于前驱车的后轮，而热胎本身就有一点复杂。

　　而且，安装光头胎后你会给车辆悬架施加更严峻的压力，车辆最初的设计并没有考虑到这么大的横向力量。如果你没有安装带挡板的油底壳来解决提升的过弯离心力，甚至有可能你会遇到机油浪涌的问题（我们会在下一章详细讨论）。还有，你还需要再带一套轮胎，以防下雨，而如果你使用的是公路胎那就没有这方面的顾虑。最关键的问题是，有些赛道日组织方是不允许使用光头胎的车辆下赛道的。

　　很明显，在你沿着光头胎的目标前进之前，

↓ 有些驾驶者会选择光头胎或湿地胎来跑赛道日，但你也完全可以很开心地使用常规的公路胎来跑圈

→ 如今的市场上有不少性感的轮胎，但在安装之前你需要决定，你到底希望从你的车那里得到什么

你得考虑不少的问题，因为这里还有一些充满变化的轮胎内容。我可以举个例子，大部分人认为更宽的轮胎总能比窄胎提供更好的抓地力。从某种程度上来说，正确，但给一辆轻量化的汽车安装上特别宽的轮胎是没有道理的，因为没有足够的重量让这些宽胎发挥它们的作用。轮胎要想抓住地面，就需要一定的下压力来让它们变形，如果没有足够的重量压在上面，它们就不能发挥作用。这种情况就称为轮胎改装过度。

从车辆把轮胎压向地面的力度本身来考虑，除非你准备添加尾翼之类的东西，那就更加复杂了。所以我建议，安装过宽的轮胎时一定要谨慎。你最好先看看赛道上其他同样的车型都在使用什么轮胎，并且询问他们实际使用的情况。

如今有不少很棒的赛道轮胎也可以在公路上使用，如果你准备认真对待赛道驾驶，这绝对是值得考虑的。有些轮胎的胎面花纹很少甚至接近光头胎，但我们不得不说，这样的轮胎在湿地上可能还没有常规的公路胎好用。

实际上，湿地情况下最好的轮胎选择是常规的公路轮胎，越新越好，有更深的花纹通道来排水。但当赛道干燥时，新的公路胎就会遇到问题，因为更高的胎纹块更倾向于变形和过热，就意味着在赛道上会产生大量磨损，但同时产生更小的抓地力。在它们过热时，若过度使用，甚至很快就会令一套全新的轮胎报废。

基于这个理由，如果你使用常规的公路轮胎参加赛道日，你其实应该先在公路上使用它们一段时间。但在现实世界中这往往不是可以选择的，所以，最开始的阶段你就放轻松点吧，让它们慢慢磨损，忍受住过度漂移的诱惑吧。

当然，在整个赛道日里，你总是应该留意观察轮胎磨损的状态，因为这首先能够告诉你车辆悬架的工作状态，以及轮胎胎压是否正确。如果看到前轮轮胎外侧受到了大量的磨损，尤其是前驱车，也不用感到惊讶，但你应该特别关注这些地方。一定要记住，如果你使用的是你的日常公路用车，你还需要这套轮胎把你带回家，警察可不会对任何使用几乎磨光或严重磨损的轮胎的驾驶者有任何仁慈，在英国对此的罚款绝对会让你铭记终生。

→ 在一些比较好的赛道日，会有轮胎厂商的参与，在维修区里就经常有轮胎安装的设备

另外一件事，在你出发去赛道日之前，永远确保检查轮胎状况，如果胎面有破损或胎侧有裂缝必须更换。在赛道上巨大的使用压力下，这种破损就可能会导致问题。

■ 气压不足

如果你对赛道日是认真的，那么你首先应该购买的物品之一就该是胎压计。这不需要有多贵，甚至不需要完全精确，主要在乎的就是它本身的一致性。有些人会使用加油站空气泵的胎压计，虽然它可能很精确（至少有些是这样），你却不太可能把它们拽到赛道日为你整个赛道日检查胎压吧，可这才是重要的。

赛道日上，关于轮胎胎压有很多讨论，但并非所有都是合理的。但作为粗略的指导，如果你的车是一个轻量化的车，最初你采用汽车厂商推荐的胎压总是不会有错。如果你的车非常重，可能又不是一个彻底的性能车型，那么很可能厂家允许轮胎侧壁发生一定程度的弯曲，来帮助获得公路上的舒适性。这种情况下，可以考虑增加一点胎压，但不要加太多，可能也就增加0.2bar 但不要超过 0.7bar（1bar=10^5Pa）。

实际上，轮胎侧壁的刚性是很重要的，它越坚硬车辆的响应性就越好，但你仍然需要让平坦的胎面能铺满在路面上，这就是你的车辆和路面接触的区域。所以，很明显这里就有需要挣扎的平衡问题了，太高的胎压会让轮胎胎面鼓出来，可能导致只有胎面的中间部分接触路面。

前面提到过，你应该在整个赛道日频繁检查胎压，而且在它们热或者在它们冷的时候都可以进行检查。如果你选择在轮胎热的时候检查，你就应该一回到维修区就尽快去检查；可能选择冷胎时检查胎压更容易些。

为什么这么重要呢？在赛道上轮胎内部的空气受热膨胀会造成胎压升高，实际上它们升高的程度甚至能达到0.7bar，这就是为什么你在进入赛道前需要仔细考虑是否要给轮胎充气。赛车队通过使用氮气或者带有湿气的特殊空气用来应对气体膨胀的问题。但对赛道日来说这就有点太过了，老实说，这还有点好玩呢，而不是像去火星探险那样危险。

你还应该在整个赛道日期间都检查胎压，并且通过检查有没有过度磨损来获知胎压是否正确。例如，如果轮胎胎壁有任何磨损，就是胎压过低的明确信号；如果轮胎胎面两侧基本没有什么磨损痕迹，也不发热，那可能你需要把胎压降低一些了。

还有件事你应该去做，如果你向轮胎里充气或者放气了，那么在你开车回家之前还应该再放出或充进同样体积的空气。因此，除了配备一个胎压计，你可能还需要购买一个打气泵。

↖ 留意观察轮胎外侧胎肩的磨损，如果是顺时针行驶的英国赛道尤其要注意左前轮

↑ 这个轮胎的胎压看起来有些低了，这张图片还能给你直观的印象，在过弯时轮胎会承受怎样的压力

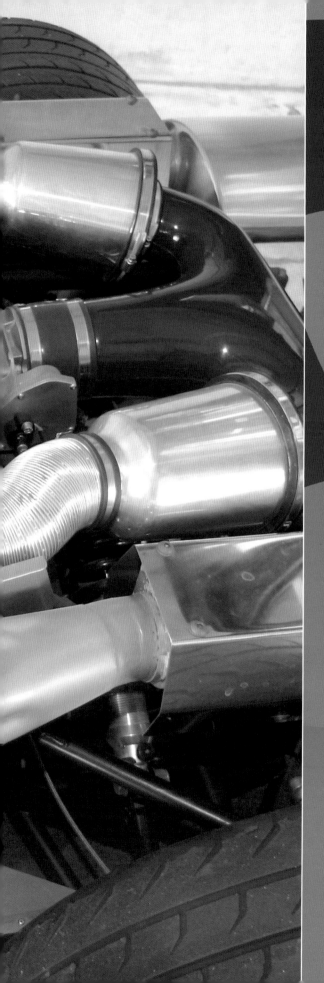

13

关于发动机和
悬架

关于发动机和悬架

　　在赛道日上留意你的发动机的核心功能是很重要的，如果你要改装发动机或者悬架，那么要记住，任何改装都很可能引发其他方面的连锁效果。

　　除非你有在高速公路上使用3档开车的习惯，否则你在公路上用到的转速基本上不会有在赛道上用到的转速那么高。因为你的发动机在赛道上的工作要艰苦很多，所以你需要对它多加留意。在大直道上，养成观察仪表和各种警告灯的习惯，就像你扫视后视镜的习惯一样。不要忘了冷却液温度表。在赛道日上，过热可能会是个问题，特别是那些老旧的车。如果你的车的确遇到了这个问题，暂时的解决方法就是采用稍低的转速，或者你甚至要考虑缩短你这节赛道练习的时间。只要温度表指针超越了某个特定点，在直道上就采用稍低的转速，并且考虑返回维修区。驾驶发动机过热的车辆跑赛道就是自找麻烦。

　　但不要直接驶回维修区，如果可能你需要让

温度慢慢降下来，否则发动机里面的零部件就可能因为快速收缩而损坏。并且，一旦回到维修区你也应该把发动机舱盖打开让热量散发出去；如果是涡轮增压的车辆，你还应该让发动机继续运转以便于中冷器能继续为涡轮散热。

当然，不用说你就该知道整个赛道日你要频繁检查冷却液的高度。但如果你的车是很老的车，可能你要把盖子打开才行。另外要确保车辆冷却之后再去检查，否则容易烫伤。

谈到冷却系统本身，如果你希望它工作得更高效，把它冲刷干净并且更换新的冷却液是个不错的方法。另一个简单的强化措施就是使用现有的添加剂，能把冷却系统的温度降下来。但有的车就是比其他车更容易过热，如果你的车就是这种情况，你不妨去咨询相关的专家怎样升级它的冷却系统。

但这也不是要让它保持低温，在开始快速跑圈之前，你还需要确保发动机达到了合适的温度。这很重要，因为只有发动机达到了合适的温度后，机油才能充分发挥效能。

说到机油，使用你能找到的最好的机油通常就是最好的建议。有些人甚至会在去参加每

个赛道日之前更换机油，虽然这可能有点过分了，但如果你参加赛道日很频繁，这确实是个很好的做法。而且，你也需要随身多带一瓶机油，以确保维持恰当的机油液面高度。还要确保机油口盖充分拧紧，因为机油压力增加时可能会泄漏出来。

现在，很多人都会使用合成机油，但要警惕全合成的机油对老式发动机来说可能会有点太"稀"了，它们的间隙可能会比新的发动机更"松散"。

至于机油液面高度，基于很明显的原因，你应该非常谨慎不要向发动机里注入太多机油。但你也应该尽量把它加到接近最高液面的刻度，这是因为在全力过弯尤其是在那些长长的高速弯时，油底壳里的机油会向一侧大幅度倾斜，可能导致机油远离机油泵造成发动机"缺血"。的确，有时候在通过这样的弯道时你甚至能看到机油压力警告灯亮起。在你全神贯注于前方的道路时，这可不是一个令人高兴的打扰。

很明显，这不是一个快乐的情况，如果看起来这已经给你造成了麻烦，你就该考虑安装一个带有挡板的油底壳了。如果你开的是比较流行的

← 一旦你回到维修区就立刻打开发动机舱盖，帮助更好地散热

↓ 要经常检查机油高度，如果你的车辆没有配备带挡板的油底壳，你最好把机油加到接近上限刻度以避免机油浪涌现象。但也要小心不要超过上限

↑ 把一台新的发动机安装在一辆轻量化的老车上它就会"飞"起来。这台 16 气门的 Vauxhaull 发动机被装进了一辆福特 Escort Mk Ⅱ 里，在你尝试类似这样的改装之前，你应该改善你的驾驶，之后改装底盘。对赛道日来说，动力改装应该处在最后的优先级

车，在赛车用品商店可能就有可用的配件。但你也可以自己完成这工作，如果你有相关的技巧，可以在油底壳里焊接上一些金属板。油底壳里的这些小栅栏就会防止机油在里面猛烈流动。

至于燃油，很多汽车使用常规的无铅汽油就可以很好地跑圈了，但使用高标号汽油还是有些好处的。这不只是关系到性能，更是帮助避免气缸内发生爆燃。爆燃会导致各方面的问题，包括发动机过热。

还有一件事，在赛道日前检查发动机的所有关键传动带，并且记住你的正时带要比普通情况下更早更换。还记得我们说过的赛道里程相当于 10 倍的公路里程吧。

动力改装优先级

改装你的发动机肯定是你应该最后再去考虑的事。然而，对很多人来说这却是最先考虑的，主要因为很多人都对这两个字有痴迷：动力。实际上，动力更多只是酒吧里的谈资，诸如"我的车比你的动力更强"这样的话题。真的论及赛道日，这应该是你优先级列表里的最后一项。

为什么？首先，毫无疑问在你的赛道日生涯的最初，你的驾驶本身对赛道成绩的提升远远大于压榨发动机带来的提升。实际上有这样的说

法，就最快圈速而言，一个好的教练在你旁边指导你跑几节，等同于你在发动机上花 1000 英镑改装带来的提升。虽然你现在只是参加赛道日，但我相信你能理解背后的道理。

而且，如果你不能驾驭它，那么更强的动力也没什么意义。因此，你首先需要打造一个好的操作平台：更强的制动系统来应对更快的直道速度，更好的轮胎和悬架让你可以把不高的动力充分发挥出来，而不是在昂贵的轮胎烟雾中打转。

当你真正达到需要改装发动机的阶段时，那也要理顺条理。一个涡轮可能给你提供充分的动力提升，但发动机本体能不能承受额外的压力呢？额外的散热系统如何处理？当谈及合理的发动机改装时，事情就开始复杂起来。

对于现代的发动机尤其如此，这已经远远超出了如今的家庭机械师所能应对的范围，因为它们有整套的复杂的电子系统。如果所有必需的装备在手边，大部分发动机调校现在都可以由一个专家操作笔记本电脑实现。你会吃惊于简单地修改一下特性曲线，就可以释放出不少额外动力。他们甚至连手都没弄脏！

减轻重量

也许你能对你的车辆做出的最具有价值效果和最具有性能效果的改装，就是减去一些额外重

← 如果你准备拆除赛道日用车的一些车内部件，可以做得更彻底一些，加装一个好的防滚架不但提升了安全性，更会提升车体的刚性

量。但你也要非常谨慎。如果这辆车不是你的日常用车，或者你也不是很担心对日常舒适性的影响，这自然是一个廉价而高效的方法，可以获得更好的加速性并改善制动效果。车辆对制动系统的要求有所降低，通常情况下还能改善过弯，因为围绕着车身转移的重量也降低了。

咱们先列举明显的部件：收音机、地毯、空调；之后就是后排座椅，如果你不需要携带乘客的话就还包括副驾驶座椅，还有隔音材料等。有些人甚至走向极致，把玻璃替换成塑料窗。

但，就像我说过的，你需要谨慎地处理。这种方式的轻量化通常会在车内留下很多尖锐的棱角，在事故中很容易割伤手臂。有个赛道日组织者告诉我，这是最常见的伤害类型（事实上，这是他见到的唯一的伤害类型）。所以，如果你已经开始着手去掉额外的重量，考虑在钢铁的边缘加上一些衬垫，并且穿上赛车服、戴上赛车手套。

讽刺的是，那些走轻量化路线的人很快就会通过安装防滚架的方式把重量又加了回来。除了它能够在翻车时给你提供保护外，它还能够提升车身刚性，帮助悬架按照它们设计的方式工作。

加强杆也是同样的道理，它们是在发动机舱里把悬架塔顶连接在一起的结实的横杆（有种俗称叫"顶吧"），当然也有安装在车辆尾部的加强杆。它们都能像防滚架那样提升车身的刚性，但它们没有防滚架引起的不方便，所以它们可能是针对日常用车的理想的强化加装件。很明显，有时候增加一些车辆重量也是值得的。

悬架

很多人第一次把自己的车带上赛道时，他们会惊讶于车辆侧倾和扭转的程度。即便你的车辆在公路上好像有足够坚硬的悬架，在赛道上就像轮船开进了大海，所以当你开始考虑改装时，悬架绝不可忽略。但你还需要谨慎地对待悬架改装，改变一个地方就会引起其他地方的连锁反

↓ 加强杆是一个很好的方式，可以防止车身壳体绕着发动机舱留出的巨大孔洞扭曲

↑ 不要对车身侧倾有太多担心，这正是乐趣的一部分，但不要对外侧前轮的过度磨损太过惊讶

道用车的三个轮胎都好好的，而外侧前轮（在顺时针的英国赛道上，通常是左前轮）轮胎的外侧胎肩都遭受了严重的磨损。

要解决这个问题，你可能要把悬架的静态几何参数调节成负倾角，这就是车辆停在那里不动时的状态，希望在车辆过弯时外侧前轮能够获得一个平坦的接地面。如果这是一辆赛道用车就很好，但如果你还要把它用在日常的公路上，你会发现轮胎会不正常磨损，因为它们在直线上行驶时轮胎的状态就是倾斜的。即便是在赛道上，太大的负倾角也会导致高速和大力制动时的稳定性问题。

可能最好的方案是首先减少车身侧倾的幅度，比如安装防滚架、使用硬弹簧、升级减振器或者降低车身，以及综合应用这些手段。但这也会影响车辆悬架的几何角度，所以你需要非常谨慎。咨询专家是你首先该做的。而且，如果你采用更硬的悬架设定，在公路上的驾乘感受自然会更差。

即便你不用太过担心这一点，你还需要做一定的妥协，因为太硬的悬架会导致转向不足，还会导致车辆制动时出现很大的问题，或者动力不

应，而且完全针对赛道的悬架可能不会在公路上有好的感受。

这里有个好例子，你可能需要考虑。公路用车在赛道上的一个普遍问题是，车身在弯道里侧倾时，悬架的几何结构发生了变化，外侧前轮受到挤压而形成正倾角。这就意味着它并没有很好地接触地面，轮胎会过度承载，更容易形成打滑。正因如此，会造成很严重的转向不足，又会导致轮胎外侧过热。你会经常见到这个现象，赛

→ 在弯道里，向左前轮的重量转移就是影响极限的因素

能充分发挥，因为车辆根本就抓不住地面。

但真正的要点是，你做出的任何改变都会影响其他方面，如何让一辆车能很好地适应赛道也没有任何固定的答案。每个人都有自己的想法，而且经常每一个看起来都很有道理。在一辆车上有很好作用的东西，对其他的车却不一定适用。在驾驶者个人倾向的事情上没有微不足道的，有些人开着躁动的车就会感觉不舒服，所以这不只事关车辆本身，还关系到驾驶体验和驾驶技术，毕竟你要驾驶的就是这辆车。

在你开始考虑如何权衡这些选择时，还是要先考虑你为什么要去赛道日。如果只是为了获得点乐趣，那你就应该稍微忍耐一些车辆的侧倾和轮胎磨损，在你投资一些昂贵的悬架升级之类的东西之前还是要深思熟虑。

在你出发去赛道日之前，你应该仔细检查悬架系统，确保没有任何部件有断裂的风险。你在赛道日的时候，也要记得检查转向系统，看齿条、转向柱、转向臂等有没有任何异样。

如果你想改装你的悬架，你可以阅读一些专业书籍，里面会涉及一些术语和悬架部件，搞清楚它们指的是什么。这样一来至少在你向人们征询建议的时候，可以和他们用同样的语言交流。

弹簧

弹性是弹簧的根本属性，但弹性多大才是最关键的问题。悬架的调校很大程度上就是种妥协，要让轮子在直道上能够一直紧贴住路面（要软），但在弯道里又要防止车辆侧倾太大（要硬）。

螺旋弹簧是最常见的，你的目标是找到这样的弹簧：它们足够软，在车辆轧过颠簸路面和路肩时不会因为弹跳而失去抓地力；它们要足够硬，在制动和过弯时防止车辆发生大幅度的前倾或侧倾。

大部分公路用车的弹簧都是非常软的，因为即便是性能车的制造商也希望给驾驶者一个舒适的驾乘感受。而具有高弹性系数的螺旋弹簧，意味着挤压它需要更大的力量，它们在公路上的表现很好，在赛道上表现更好，特别是在如今很多极其平坦的赛道上。即便如此，你

仍然需要做出权衡，防止车辆遇到路面不平的时候会脱离地面，更不用说对路肩的处理，所以像石头那样硬的弹簧肯定不是追求方向。

作为一个非常通用的规则，你的轮胎提供越多的抓地力，你的弹簧就应该越硬，来应对轮胎提供的额外过弯侧向力造成的车身侧倾。

减振器

有时它会被称为"阻尼器"，因为减振器实际上是在控制弹簧的动作，而不是吸收振动。一个弹簧，如果只让它自己干活，它就会在那里一直不停"嘣、嘣、嘣"地压缩弹开，直到完全没有了力气。从技术角度来讲，就需要有个东西抑制弹簧的运动，让车辆的弹簧发生压缩后，能够尽可能快地恢复到常规的高度而不发生太多弹跳。阻尼器要应对路面的突起（弹簧压缩）和回弹（弹簧伸展）。

升级减振器可能会给你车辆的操控和过弯带来最大的改变。这是因为减振器影响所谓的瞬态条件，比如踩制动和入弯的瞬间，这就是为什么赛车手对它们如此关心。你可以这么考虑，弹簧和稳定杆（参考后文）事关车辆侧倾的幅度，减振器事关侧倾的速度。那么很明显，它们可以成为驾驶者最好的朋友。

↑ 螺旋弹簧

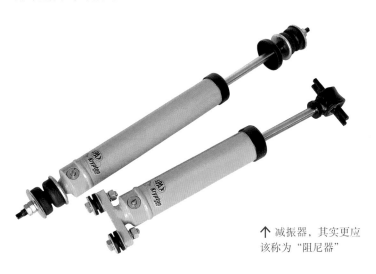

↑ 减振器，其实更应该称为"阻尼器"

↑ 这辆 Caterham 采用了经典的车外悬架

姿态。

好的一方面是，几乎所有的主流公路汽车制造商都会留给你足够的空间去折腾。原因很简单，在它的日常使用中一定要能够坐进 4~5 个成年人，承受车顶行李架的负载，同时还可能去颠簸的道路上行驶，而不至于让轮胎触碰到轮拱内部。

但在你降低车身的时候仍然需要很小心。不只是因为弹簧极度压缩或者车轮转弯时会碰到轮拱侧面这些明显的问题，还因为你可能会破坏它精心设计的在车辆侧倾中心和重心之间的平衡。车辆侧倾中心，就是车辆过弯侧倾时所围绕的那个虚拟的点；重心意味着理论上你可以在这个点保持车辆的平衡。

你还可能破坏悬架的几何角度，尤其是倾角，因为悬架的各种连接杆的运动方式都发生了变化，意味着在制动和过弯时你会有不同的倾角变化，维持轮胎对地接触面就会有更多的问题。

所有这些事情，都是在车辆设计阶段就赋予车辆的，所以在你把这些弄糟糕之前，需要进行谨慎和深入的考虑。当你真的降低车身时，最好的方法是循序渐进。一个更好的建议就是去寻求专业的建议。

衬套

一个相对廉价的，并且基本上不会引起其他地方连锁反应的改装方案，就是更换悬架衬套。制造商通常会给车辆安装橡胶衬套，它们不但倾向于承担重要的角色，还会随着时间而老化，导致"沉闷"的反馈。好消息是，你可以买到高科技的聚氨酯或尼龙衬套，不但可以更精确地定位悬架部件，还能继续维持车内的低噪声。低噪声是最初采用橡胶衬套的一个原因。

这之后的下一个步骤可能就是换装球面轴承了，它们负责连杆之间的连接，但这意味着你已经走上真正的赛车改装之路，你的座驾会变得非常粗糙，噪声也会非常之大。

可调减振器对赛道日的驾驶者来说是个巨大的恩惠。它们允许你来改变减振器的设定，比如通过更硬的设定，降低弯道中弹簧的压缩速度来提供更好的控制。之后你可以把设定改回来，在你回家的路上获得更好的回弹和舒适性。问题解决了，各取所需！

降低车身

如果你要更换新的弹簧，你可能需要考虑是否同时降低车身高度。这会把车辆的重心降低，作为额外的好处，也带来了更性感的车身

防滚平衡杆

防滚平衡杆也可以叫防侧倾杆或横向稳定杆，它的诉求是试图减轻车辆过弯时的侧倾度。它实际上是分别限制车辆前部或后部的侧倾倾

向，因为重量会沿着车辆转移，因此它会改变车辆的操控特性。

如果你的车从来没有安装过平衡杆，第一次可能不是很容易安装，但很多车都有专用的套件。它们可以被安装在前面或后面，虽然很多公路用车只在前面安装。彻底的赛道用车一般在车头车尾都会安装平衡杆，这种情况下它们可能还是可调的。调节平衡杆是改变车辆操控平衡性很好的方式。平衡杆的工作方式就是扭转或弯曲，可以用"软"或"硬"来区别它们。如果前面采用软的平衡杆，后面采用硬的平衡杆，就会帮助改善转向不足倾向；相反的设定会改善转向过度倾向。当然实际并不像看起来这么简单，这只是总体的情况。

四轮定位及悬架的术语

一个相对便宜的调校项目经常被忽视的，就是把车轮定位参数恢复如初。这就是确保车轮的外倾角、主销后倾角、前束角等都处于最初的

正确设定，或者当你改装了悬架之后检查它们是否处于最优化的设定。要让熟悉你的车辆的专家来做这些，而不是本地的轮胎店去做，你会惊讶两者间的巨大差异。

↑ 如果你的赛道日用车也用于日常道路驾驶，对悬架的任何改装都会是一种妥协的结果

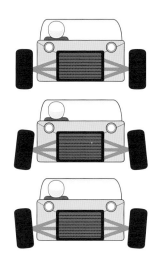

← 从上到下的外倾角设定：中性、负倾角、正倾角

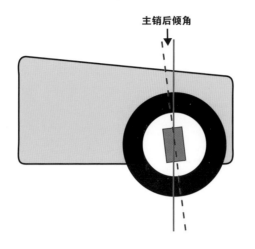

主销后倾角

→ 主销后倾角能够使转向自动回正

悬架的术语通常是由几个关键词构成，改变其中一个通常就会弄乱另一个。但至少你可以使用这些悬架术语，不会让改装店困惑。

外倾角（Camber）当然是在讨论悬架时最常被涉及的词汇。它是指从车辆的前方或后方看时车轮呈现的角度。如果车轮的上面向内倾斜，就称为它有个负倾角（想想BMW）。如果车轮的上面向外倾斜，就称为它有个正倾角（想想雪铁龙2CV）。负倾角有时也被称为内翻，正倾角又被称为外翻，不知道对你的理解是否有帮助。

在弯道中，因为车身的倾斜会作用到悬架上，让外侧车轮通常呈现出正倾角。理想情况

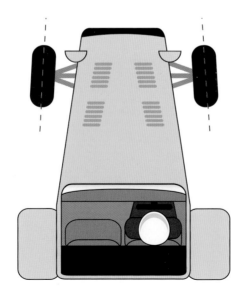

→ 前束内八字，是指车轮指向车辆内侧

下，你希望保持那个车轮（以及其他车轮）与地面的接触面能够尽可能平坦，所以如果可能，驾驶者会尝试把他们的车轮调整为负倾角，尤其当这辆车主要用于赛道驾驶时。

主销后倾角（Caster）是连接前轮悬架的上端和下端的那条想象中的线和垂直线的夹角。主销后倾角总是正的，向着车辆的前方倾斜向下。就是这角度，给予转向自动回正的能力，并且它还帮助保持直线的稳定性。在常规的车辆上，一般来说它是不可调节的，但如果你有个特制车辆或是赛车，可以让主销后倾角更大。虽然通常这是个好事，但也会让转向变重，并且也会改变前面说的车轮外倾角。

前束（Toe）是指从上方向下看时车轮呈现的角度。"内八字"是指车轮前部指向内侧；"外八字"正好相反。一点点的内八字可以帮助车辆过弯，但注意后轮的外八字通常会导致麻烦。

另外一个问题就是悬架的变形转向，当车辆轧过路面凸起或者车身侧倾引起悬架上下运动时，轮子的指向角度也发生变化。这在公路车上并不少见，但如果可以还是值得解决这个问题。

下一步目标

当你开始醉心于调整外倾角和主销后倾角，甚至会在赛段时间之后用温度计测量轮胎温度从而判断悬架的工作状态，如果你感觉还希望车辆更快些，可能你真的就该考虑更进一步，进入赛车的世界。

如今，越来越多的人从赛道日升级到赛车。的确，很多人甚至很乐于同时参加两种活动，享受赛道日里大量的赛道驾驶，并且享受赛车的竞争性。

实际上，如果你渴望一点点的竞争，那么有一些可以使用你自己常规的公路用车就能参加的赛车运动，比如汽车测试赛、汽车越野赛、量产车比赛、道路拉力赛，甚至是爬山赛或加速赛（可能是当地的汽车俱乐部组织）。更多细节信息可以从相关的官方组织获取。

很多从赛道日进入赛车运动的人，他们这么做是因为他们已经打造了一辆赛道用车，更进一步是自然的事情。在英国有一个名叫"莲花跑赛道"（Lotus on Track）的赛道日组织方，他们甚

至打造了自己的系列比赛——Elise 杯。这就是从常规的赛道日延伸的赛车需求。

其他大部分人会寻找某种锦标赛，虽然这并不容易找，尤其是如果你对车辆做了大量改装，对于比赛来说这看起来太不公平。在这种情况下，你可能要把车辆改装回来，或者考虑换一辆已经可以参加比赛的车，要不就自己打造一辆。

但在你打算去参加比赛之前，你需要做一些程序性的工作，并且要开始花点钱。在英国（其他一些国家也类似）你需要订购一个赛车培训课程，然后通过医疗检查，虽然不那么严格。之后，你要在一个赛车手学校参加 ARDS 考试，这包含赛道评估环节以及笔试。

评估和笔试都不难，如果你是个赛道日的常客，并且又利用自己的时间接受过一些指导，你可以顺利通过评估。至于后面的笔试，只要你提前做了准备就非常容易，在你订购的培训课程里有视频提纲。

通过考试后，申请到你的赛车执照，你就成为赛车手了，而且你将要开始真正的烧钱了！

即便这么说，你从赛车里获取的刺激绝对是值得的，很快你就会上瘾。不过，别忘记你的根本，在参加锦标赛的间隙，再回来参加赛道日是学习一个赛道并得到额外指导的很好方式，但要记住一定要暂时放下你的赛车激情。

↑ 如果你是那种争强好胜的类型，在你参加了几次赛道日之后，你可能会希望更进一步——进入赛车的世界

国内开展赛道日活动的赛道推荐

上海天马赛车场

上海天马赛车场是长三角地区的国际赛车场之一，是国际汽联（FIA）认证赛道，于 2004 年正式投入运营。它寓玩乐、学习、竞技于一体，其管理团队拥有丰富的赛事运营及服务经验，为享受汽车文化、企业公关活动、旅游度假、赛车休闲娱乐、安全驾驶培训等活动提供理想的服务平台。

赛道全长 2.063km，拥有 14 个弯角，弯道最大曲率半径 250m，最小曲率半径 12m；最长直道 400m，直道宽度 12m，弯道最大宽度 14m，最高速度达到 230km/h。

地址：上海市松江区沈砖公路 3000 号
官方网站：www.stc2002.com　咨询电话：021-57669090

宁波国际赛道

宁波国际赛道位于宁波北仑区春晓爬山岗区域，于 2017 年建成投入使用，专注于赛道运营、赛事承办、赛车娱乐体验等业务。赛道由世界知名赛道设计师和建造师阿兰·威尔逊（ALAN WILSON）担纲总设计，是拥有国际汽联（FIA）二级认证的汽车赛道，同时也可以进行摩托车比赛。

赛道全长 4.01km，宽度为 12~18m，以逆时针方向设计，拥有 22 个弯角，最大高度落差达 24m。

地址：浙江省宁波市北仑区春晓街道
官方网站：www.nbspeedpark.com.cn　咨询电话：0574-86097701

珠海国际赛车场

珠海国际赛车场位于珠三角地区，是中国第一个永久性的国际赛车场，建成于 1996 年，是国际汽联（FIA）认证的二级赛道。这里多次主办了国际性大型赛事，包括 BPR 环球 GT 系列赛、国际汽联超级跑车锦标赛、A1GP 赛车世界杯和勒芒国际大奖赛等。

赛道设计达到国际汽联 F1 和国际摩联 Moto GP 的标准，全长 4.3km，拥有 14 个弯角，最长直道为 900m，平均宽度为 12m，最高速度可以达到 300km/h。

地址：广东省珠海市金鼎镇哈工大路 200 号
官方网站：www.zic.com.cn　咨询电话：0756-3383228

北京金港赛车场

北京金港赛车场位于北京金盏乡，是通过国际汽联（FIA）认证的三级赛道，曾多次举办了保时捷卡雷拉杯汽车场地赛、世界超级跑车锦标赛、China GT 中国跑车锦标赛等一系列重大赛事。赛车场内还设有越野赛道和安全驾驶体验场地，成功举办过多项越野赛事和各种安全、趣味驾驶体验活动，深受汽车厂商和汽车运动爱好者青睐。

赛道全长 2.39km，拥有 12 个弯角，赛道最宽处 20m，最窄处 12m，最长直道 400m，可供 25 辆赛车同时比赛。

地址：北京市朝阳区金港大道 1 号
官方网站：www.goldenport.com.cn　咨询电话：010-84333996